유혹의 커뮤니케이션

유혹의 커뮤니케이션

발행일	2024년 8월 5일

지은이	신명균		
펴낸이	손형국		
펴낸곳	(주)북랩		
편집인	선일영	편집	김은수, 배진용, 김현아, 김다빈, 김부경
디자인	이현수, 김민하, 임진형, 안유경, 한수희	제작	박기성, 구성우, 이창영, 배상진
마케팅	김회란, 박진관		
출판등록	2004. 12. 1.(제2012-000051호)		
주소	서울특별시 금천구 가산디지털 1로 168, 우림라이온스밸리 B동 B113~115호, C동 B101호		
홈페이지	www.book.co.kr		
전화번호	(02)2026-5777	팩스	(02)3159-9637

ISBN	979-11-7224-223-7 03190 (종이책)	979-11-7224-224-4 05190 (전자책)

(주)북랩 성공출판의 파트너

북랩 홈페이지와 패밀리 사이트에서 다양한 출판 솔루션을 만나 보세요!

홈페이지 book.co.kr • **블로그** blog.naver.com/essaybook • **출판문의** book@book.co.kr

---

작가 연락처 문의 ▸ ask.book.co.kr

작가 연락처는 개인정보이므로 북랩에서 알려드릴 수 없습니다.

공감을 이끌고
청중을 매료시키는
대화의 기술

유혹의
커뮤니케이션

신명균 지음

북랩

옛날에는 비법을 전수받기 위해 훌륭한 스승을 찾아 주유천하를 했다. 이제는 서점에 가면 스승들이 시간과 공간을 초월하여 나를 기다린다. 좋은 책을 만난다는 것은 훌륭한 스승을 만나는 것이나 마찬가지다.

유혹의 커뮤니케이션 신명균 저자가 쓴 책이 바로 훌륭한 스승을 만나는 기회를 얻는 것이다. 프랑스의 사회학자 장 보드리야르는 '말초적 자극을 위한 유혹은 환멸감을 느끼지만, 건전한 유혹은 그 자체만으로도 황홀감을 가져온다'라는 말을 했다.

두 가지 자연의 법칙이 있다. 하나는 먹고 사는 문제요, 하나는 후손을 퍼트리는 일이다. 이동할 수 없는 식물도 마찬가지다. 첫 번째 먹고사는 문제는 그런대로 간단히 해결된다. 물관을 통해서 수분을 섭취하면 되고, 햇볕을 통한 광합성에서 엽록소를 만들면 먹고사는 문제는 해결된다. 두 번째 법칙은 후손을 퍼트려야 한다. 문제는 식물이기 때문에 이동할 수 없다. 상대방에게 가지 못하니 자신에게 다가오게 만들어야 한다. 여기서 유혹의 법칙이 작용한다.
자신이 지닌 것을 내어주면 된다. 바로 향기와 꿀이다. 지구의 4분의 1이 넘는 곤충을 중매쟁이로 이용하면 된다.

유혹의 커뮤니케이션은 두 가지를 제공한다. 하나는 독자의 입을 열어 지혜의 양식을 취하게 할 것이고 하나는 그 취한 양식을 사회에 좋은 영향을 퍼트리는 중매쟁이가 되게 할 것이다. 오랜 세월을 통해 공들인 결과물들이 신세계를 준비하는 독자들의 나침판이 될 것으로 기대하며 적극 추천한다.

작가이자 방송인, 칼럼니스트
이상헌

노래 부르는 무대에는 세 부류가 올라갑니다.

연주 파트, 무용 파트, 그리고 가수입니다.

연주자는 악기라는 도구가 매개체입니다. 무용은 자기 신체를 이용해서 메시지를 전달합니다. 가수는 언어에 곡을 실어 소리를 만들어 내는 역할을 합니다.

어떤 특별한 공연 약속 아니라면 연주나, 무용은 일반적으로 가수를 위한 협력적 단체입니다. 결국 세 파트 중에 무용도, 연주도 아닌 소리를 내는 가수가 무대의 주체가 되는 것입니다.

만약 이것을 직업군으로 생각해 보겠습니다. 어느 파트가 가장 어려운 파트일까요? 물론 쉬운 파트는 없습니다. 자신의 노력 여하에 따라서 달라지겠지요.

사회라는 세상의 무대 코드로 예를 들어보겠습니다.

세상의 무대도 크게 다르지 않습니다. 세 파트의 영역으로 나누어 보면 도구를 사용해서 민생고를 해결하는 사람, 몸을 이용해서, 그리고 소리를 내서 먹고사는 것을 해결하는 사람으로 나누어 볼 수 있습니다. 몸이 힘든 걸로 따지면 도구를 사용하는 사람과 비교가 되겠습니까? 신체를 이용하는 사람은 어떻구요. 목소리를 내는 사람도 만만치 않을 것입니다. 더 깊이 생각해 보면 어느 것이 더 힘들고 덜 힘들다고 단정 지을 수는 없습니다.

그런데 구성원이나 집단에 영향력이 미치는 과정에서는 그와 반대 현상이 생깁니다. 대부분 영역에서는 입으로 소리를 내어 언어를 사용하는 사람이 가장 영향력 있는 주체가 됩니다. 무대에서 노래하는 가수처럼 말이죠. 사실 몸이 가장 힘든 파트가 주체가 되어야 하는데 그렇지 않습니다.

그것은 예술, 정치, 종교, 교육, 법률 등 이외의 여러 분야에서도 마찬가지입니다. 그만큼 소리를 내는 언어에는 아주 특별한 주체가 되거나 권력이 주어집니다.

우리가 스피치에 관심을 둘 수밖에 없는 것은 이런 본질이 있기 때문입니다.

현대사회에서 대중화술(public speech)은 이제 피해서 갈 수 없는 필수 요소가 되었습니다. 그러나 이런 화술을 습득하기는 그렇게 만만치 않습니다. 공식적인 자리는 사석과 전혀 다른 영역이기 때문입니다. 특히 정제된 언어로 예를 갖추는 공적 대화의 형식이 요구되기 때문이죠.

이런 문제를 어떻게 해결해야 할까요?

무엇이든지 두려워하지 않고 즐기려면 배우고 익혀야 하지 않겠습니까?

원고를 집필하는 간절한 바람은, 이 책이 여러분들이 가고 싶은 방향으로 안내할 수 있는 나침판 역할이 되어주었으면 하는 것입니다. 부디 도움이 되길 바랍니다.

　그리고 이 책이 만들어지기까지 옆에서 격려와 조언을 아낌없이 해 준 아내에게 고마움을 전합니다.

동소문로 사무실에서

신명균

◯ 차례

PART I.
신념 강화 편 [의식 정복 단계]

PART II.
행동 훈련 편 [변화 단계]

PART III.
실전 편 [적용 단계]

PART I.

신념 강화 편
[의식 정복 단계]

1. 또 다른 세상!

×××

무대란 이런 거야

위선, 가식, 체면의 옷을 벗어라.
스피치가 힘든 것은 평소에 하던 것을(짓?을) 감추고
새로운 것을 보여주려고 하기 때문이다.
없는 것을 쥐어짜지 말고 있는 것을 가공하라.

보는 사람과 보이는 사람의 입장은 다릅니다.

다음은 책 〈죽은 시인의 사회〉에서 나오는 내용입니다.

미국의 명문! 웰튼 사립 고등학교 존 키팅 선생이 부임해 오던 첫날!

그는 교실에 들어서자마자 책상 위로 뛰어올라 다음과 같이 소리칩니다.

> "내가 왜 이 위에 섰는지 이유를 아는 사람?
> 이 위에 선 이유는 사물을 다른 각도에서 보려는 거야.
> 이 위에서 보면 세상이 아주 다르게 보이지.
> 믿기지 않는다면 너희들도 한번 해봐. 어서, 어서!
> 어떤 사실을 안다고 생각할 때 그것을 다른 시각에서도 봐야 해!
> 비록 틀리고 바보 같은 일일지라도 시도를 해봐야 해." *(p. 3)*

물론 존 키팅 선생은 다른 의도를 가지고 했겠지만, 이 말은 무대에 오르는 사람에게는 전적으로 공감되는 말일 것입니다. 정말 똑같은 대상인데도 격식을 갖추어야 하는 공식적인 자리에서는 전혀 다른 세상이 펼쳐진다는 것을 실감했을 겁니다.

무대(연단) 위에서 보면 정말 사람들이 다르게 보입니다. 세상이 바뀌었을까요?

평소에 친분이 있는 사람들인데도 낯설게 보입니다. 친근감은 느끼지 못하고 부담감만 느낍니다. 갑자기 그들이 바뀐 것은 아닙니다.

내가 알고 있는 사람들이라고 생각했었는데 낯선 사람들처럼 보입니다.

그 앞에 서서 말로 표현해 보니 내가 원하지 않는 단어나 문장들이 마구 튀어나옵니다. 똑같은 환경에서 위치가 바뀌었다고 항상 사용했던 언어도 낯설어집니다. 맞습니다! 존 키팅 선생이 외쳤던 말이 아닌가요?

사적 자리에서는 편안한 느낌을 받았던 사람들입니다. 공적 자리에서는 부담스러운 사람이 됩니다. 위치만 바꿔도 세상이 달라 보입니다. 아마 이런 경험들이 있었을 것입니다.

"스피치는 대중화술의 성격을 띤 정제된 공적 대화다."라는 말이 있습니다.

대중화술이란 여러 사람 앞에서 말하는 기술입니다. 여러 사람과 개인은 다릅니다. 여러 사람 앞에 서면 시키지 않아도 예를 갖추고 격식을 차리느라 정신없습니다. 그만큼 부담이 가고 어렵게 느껴지는 것입니다.

자신이 남들에게 보인다는 것을 자랑스러워하는 사람도 있지만 대부분 많은 사람은 부담을 느낍니다. 그래서 흔히 말하는 긴장감, 울렁증 같은 것들이 장애물이 됩니다. 그렇다면 이런 현상들을 어떻게 해야 할까요?

모르면 답답한 일이고 알면 별것이 아닙니다.

한번 인내를 가지고 이 책이 제시하는 대로 따라와 보세요.

필자가 현장에서 30여 년 동안 체험한 일입니다.

원인과 해결책

원인 1: 자신의 현재 스피치 능력과 내가 원하는 이상적인 모습과의 차이에서 생기는 괴리.

해결책: 자신의 스피치 실력을 인정하고 정확히 진단해서 단계적, 구체적으로 목표를 설정한다. (내 실력이 30 정도이면 다음 목표를 100으로 설정하지 말고 40으로 잡아라.)

원인 2: 잘해야 한다는 강박관념에서 벗어나자!

해결책: 평소의 모습 그대로를 보여주도록 노력한다. 새로운 모습을 보여주려고 하는 것은 어리석은 짓이다. 항상 하던 짓도 막상 하려고 하면 부담이 되는데 안 하던 짓을 보여주려고 한다는 것은 얼마나 부담스러운 행동인가?

원인 3: 잘하지 못할 것이라는 비굴한 생각을 버려라!

해결책: 감사하게 생각하고, 긍정적으로 생각하자. "마음먹기에 달려있다"라는 말이 있다. "내가 발표하는 모습을 보고 사람들이 어떻게 생각할까"하는 생각보다는, 내 이야기를 듣는 사람들이 즐거워하는 모습, 환호하는 모습을 그려라.

원인 4: 스피치 경험이 적고 말하는 기술이나 방법을 모르기 때문에!

해결책: "반복이 대가를 만든다"라는 말이 있다. 무작정 반복하는 것이 아니라, 다음 장에서 제시하는 대로 말하는 기술과 방법을 숙지한 다음 기회가 될 때마다 연습 또 연습을 해보자!

긴장하거나 흥분하면 심장박동 수가 빨라지거나 숨이 가빠집니다. "숨길이 말길이다."라는 말이 있습니다. 숨이 가빠지면 말이 빨라지고 말이 빨라지면서 점점 더 호흡이 불규칙하며 걷잡을 수 없는 상태까지 옵니다. 이렇게 되면 스스로 놀랍니다. 이런 자기의 모습을 남들에게 들킬까 봐 감추려고 애를 쓰게 됩니다. 그럴수록 딜레마에 빠지고 자신을 제어할 수 있는 기능을 상실합니다.

이럴 때는 일단 심호흡을 깊게 합니다. 깊은 호흡은 산소의 양을 늘리기 위한 행위입니다. 심장박동이 빨라지고 호흡이 가빠지고 있다는 것은 빠르게 혈액을 순환시켜달라는 몸의 신호입니다. 달리기를 하다 보면 숨이 가빠지는 것과 같은 원리입니다. 박동 수와 호흡량만큼 산소량도 비례해서 늘어나면 호흡과 박동수가 빨라져도 할 말은 잊어버리지 않게 됩니다. 산소는 혈액을 운반하는 요소이기 때문입니다. 산소를 박동 수만큼 호흡량만큼 늘려주는 것이 비결입니다. 그렇다고 뛰던 심장이 갑자기 차분히 가라앉는 것은 아닙니다. 가쁘게 내뱉던 호흡도 거의 마찬가지입니다. 놀라지 마세요. 그렇게 하면 달라진 것이 있습니다. 호흡량 즉, 산소량이 늘어나면 백지 현상은 일어나지 않는다는 사실입니다.

다시 말하면 떨리고 긴장되더라도 할 말은 잊어버리지 않고 말하게 된다는 것을 경험하게 될 것입니다. 어떻게 해서 이런 현상이 일어날까요? 그것은 충분한 호흡이 혈액 순환을 원만하게 도와주기 때문에 몸 상태는 변화를 느끼지 못해도 정신과 생각의 영역에서는 놀라운 효과를 나타내기 때문입니다. 호흡! 심호흡! 떨리세요? 긴장되세요?

가장 좋은 방법입니다. 심호흡해서 산소를 많이 들여 마시세요!

　왜 그런지 이해가 안 되면 그냥 해보세요. 잊어버려서 허탈하게 내려오는 일은 없을 겁니다.

2. 잘하려고 하지 마라

×××

키치 문화

대중문화의 주인공이 돼라.
SO-WHAT 자세가 필요하다.
지나친 예의는 자신을 위축시킨다.
배짱은 배에서 나오고 배 힘은 복식호흡에서 나온다.
타인에게 혹평받을 수 있는 배짱이 스피치 자신감이다.

"싸이" 하면 강남 스타일입니다. 싸이는 원래 '사이코'라는 뜻입니다.

사전적 용어로는 [아주 이상하게 폭력적인]으로 되어있습니다. 어느 정도 세상의 이목을 집중시키려면 별나게 튀어야 하는 세상이란 소리입니다.

"싸이"라는 이름을 사용한 것은 영원히 철들지 않는 자기 홀릭에 빠지겠다는 계산에서 나온 말입니다.

홀릭(holic)이란? 스스로 자신감을 느끼고, 뻔뻔한 자세로 대처하는 방법입니다.

자기도취! 자기중독! 마이너 적(별로 크지도, 중요하지도 심각하지도 않은 것) 기질!

대중은 강남 스타일 열풍을 통해 마이너 적인 비주류에 관한 관심을 두기 시작했고 이것이 대중과 소통하는 방법 so-what(뭐가 이때서?) 정신과 맞아떨어진 것입니다.

개그콘서트 김준현 개그맨이 "그래, 나 뚱뚱하다. 그래서 어쨌는데?", "누굴 진짜 돼지인 줄 아나?"라는 소-왓 개그로 인기몰이에 성공했던 적이 있습니다. 김준현은 통념적 콤플렉스를 자기 폭력적 웃음으로 만들어 대중의 사랑을 한껏 받는 스타가 되었습니다.

"싸이"는 박지성, 김연아를 제치고, 한때 1위로 B급 문화 선두 울트라맨이 되었던 때도 있습니다. 그가 기록한 것은 세계 빌보드차트 1위, 당시 유튜브 조회수 30억 뷰를 돌파했습니다. 이미 사회는 마이너 적인 가치를 재발견하는 시대로 변화하고 있습니다.

이제 무대(연단)는 특별한 사람만의 점유지가 아닙니다. 대중화 시대에는 누구나 무대(연단)에 올라서야 할 기회가 생깁니다. 그럴 때 자기 홀릭의 자세가 기대 이상의 효과를 낼 수도 있습니다. 타인의 의식이나 주변에 민감하지 않으면, 가능한 일입니다. 어떻게 주변을 의식하지 않고 살겠습니까? 그러나 사회에 지탄을 받는 일이 아니면 가능한 일 아닌가요? 필자의 센터에서 발표하는 수강생들을 보면 대부분 착한 아이 콤플렉스를 가지고 있습니다. 멍석만 깔아놓으면 너, 나 할 것 없이 그런 모습들을 합니다. "그래, 나 ○○ 사람이야, 근데 어쩌라고" 하는 So What 정신이 필요합니다.

이것을 예전에는 배짱이 좋은 사람으로 평가를 받았습니다. 배짱은 뱃속 힘에서 나옵니다. 어깨의 힘은 빼고 뱃속의 힘을 키우는 튜닝이 필요합니다. 배짱은 마음입니다. 마음은 어디에 있을까요? 마음은 '배'에 있습니다. 사촌이 땅을 사면 어디가 아픈가요? 배가 아프죠?^^ 배짱을 키우는 것은 마음을 키우는 것입니다.

마음을 크게 사용하지 않으면 하늘에 대한 직무 유기입니다. 하늘은 우리에게 인류를 포용할 수 있는 예수 그리스도 같은 마음을 주셨습니다. 그런 마음이 있다는 것을 알면서 사용하지 않으면 미필적 고의에 해당할지도 모릅니다. ^^

스피치를 잘할 수 있는 비결 중의 하나는 너무 완벽하게 하려고 하지 말라는 것입니다. 인간은 완벽할 수 없습니다. 그래서 성장할 기회가 생기는 것입니다.

짐승은 태어날 때부터 걸어 다닐 수 있지만 사람은 일어나서 걷는

데까지 1년 정도는 되어야 비로소 걸을 수 있습니다. 그러기 때문에 어쩌면 우리에게 계속 성장할 기회가 주어지는 것 아닐까요? 소왓 정신 잊지 마세요.

"그래 근데, 뭐 어쩌라고?"~ 기껏해야 스피치 아닌가?

3. 뻔뻔한(chutzpah) 정신

××××

배짱 정신

뻔뻔한 정신으로 재무장하라!
성공한 사람들의 공통점은 배짱 정신이다.
부끄러움은 지나친 겸손에서 나온다.
뻔뻔함, 담대함, 저돌적, 무모함을 잊지 마라.
(무대에 올라설 때)

노벨상을 가장 많이 타는 민족은 유대민족(이스라엘)입니다. 미국의 고위층, 금융가의 대부, 경제, 과학, 등 많은 계층이 대부분 유대인입니다.

핵물리학자 아인슈타인, 정신분석학자 프로이트, 선박왕 오나시스, 영화감독 스티븐 스필버그, 컴퓨터의 황제 빌 게이츠, 스티브 잡스, 구글 창업자 래리 페이지, 페이스북 창업자 마크 저커버그 등 수많은 계층에서 독보적 역할을 합니다. 그들의 뛰어난 천재성은 어디에서 나온 것일까요? 머리가 좋아서도 아닙니다. 아이큐가 높아서도 아닙니다.

○○ 대학교에는 머리 좋다는 인재들만 들어가는 학교라고 정평이 나 있습니다. 하지만 그들의 머리를 지지고, 볶고 40여 년~. 노벨상 하나 나오지 않았습니다.

교육 관계자들은 이 문제를 놓고 고민합니다. 뭐가 문제가 있을까?

그래~ 교육의 시스템을 강화해 보자! 좀 더 어린 고등학생들의 머리를 쥐어짜 보기로! 특목고, 자사고로! 그런데도 별 성과가 보이지 않습니다. 이게 아닌가 보다. 한 단계 더 내려가서 좀 더 어린 학생들을 대상으로 국제 중학교를 만들어 놓고 쥐어짜 봤는데 역시 별반 나아진 것이 없습니다.

교육의 시스템이 잘못되었다는 것이 아닙니다. 이런 식은 저의 개인적 소견으로는 2등까지는 쉽게 올라가겠지만 1등을 바라본다는 것은 뭔가 방법이 달라야 하지 않을까 하는 생각이 들었습니다. 유대민족의 경쟁력은 창의력에 있습니다. 창의력은 독창성입니다. 독창성은 한 사람 한 사람의 개성입니다. 바로 각자의 개성을 살릴 수 있는 교육 방법, 이것을 잘 활용한 민족이 이스라엘 민족입니다.

그들은 수천 년 동안 자신들만이 유전되어 내려온 정신이 있습니다. 바로 후츠파 정신입니다. 후츠파 정신은 사전적 개념으로 "뻔뻔함, 담대함, 저돌성, 무례함" 등입니다. 형식에 얽매이지 않고 들이대고 질문하는 정신이죠. 뻔뻔하게 자신의 주장을 당당히 밝힌다는 이스라엘 특유의 도전 정신입니다.

'후츠파'라는 용어를 사용하지는 않지만, 성공한 사람들의 공통점을 보면 이와 비슷한 정신이 있습니다. 이스라엘의 후츠파 정신과 흡사한 정신이 깃들어 있습니다. 예를 들면 그 유명한 박찬욱 감독(올드 보이)의 가훈도 "아니면 말고"입니다. (고) 정주영 왕 회장! 슬로건처럼 유행했던 "해보기나 했어?" 같은 정신이 바로 후츠파 정신하고 흡사한 것입니다. 이런 정신이 바로 무대에 올라서는 사람들에게 필요한 배짱 정신입니다.

착한 아이 콤플렉스는 남의 눈치만 보고 좋은 모습, 양심적인 모습, 완벽한 모습 같은 것만 보여주려고 하는 것이죠. 그러면 그럴수록 약자의 모습이 보이기 때문에 상대방을 정면으로 응시하지 못하는 현상이 생기는 것입니다. 어떤 무대에도 후츠파 정신이 갖추어지지 않으면 힘들고 부담스럽게 됩니다. 무대에 올라서려는 이여! 뻔뻔해져라! 건방져라! 무례하라!

청중을 지나치게 의식하게 되면 과잉된 예의와 겸손 때문에 점점 더 부담스러워진다는 것을 명심하세요. 뻔뻔하고 당돌한 자세! 스피치에 꼭 필요한 자세입니다.

자세는 언어 표현의 전진기지 역할을 합니다.

어떤 자세를 취하느냐에 따라 언어를 표현하는 자신감도 달라집니다.

웅크리고 소심한 자세와 표정을 하면 그런 소리가 나오고, 당당하게 원더우먼 같은 자세를 취하면 원더우먼 같은 소리가 나오게 됩니다.

박태환 수영선수를 기억해 보세요. 세계 선수권자들하고 각축을 벌여야 하는 상황에 서면 얼마나 심장이 두근거리겠습니까? 그럼에도 수영장에 입장을 하는 모습을 보세요. 헤드폰 끼고 노래를 흥얼거리며 입장하는 모습!

그렇게 하는 행위는 자세를 먼저 이완해야 자신의 실력을 충분히 발휘할 수 있다는 것을 잘 알고 있기 때문입니다.

배짱, 건방진, 뻔뻔한, 당돌한, 무모함, 들이대, 아니면 말고, 이런 언어들이 여러분의 세상을 바꾸어 놓는다는 사실을 기억하십시오.

4. 집단 속 리더

×××

집단을 통한 훈련

리더는 자신을 위한 투자를 아끼지 않는다.
리더는 세 수 앞을 내다보려고 노력한다.
자발적 체험을 하지 않으면 의존적 경험을 하게 된다.
리더가 갖추어야 할 필수 덕목은 스피치 능력이다.

사회는 크고 작은 조직으로 구성되어 있습니다.

그리고 그 조직이나 집단속에는 리더가 존재합니다.

리더는 자기 영향력을 가지고 끌어나가는 힘을 발휘하는 사람입니다.

그런데 이런 리더를 가만히 들여다보면 한 가지 특징이 있습니다.

시키지 않았는데도 앞에 나서기를 좋아합니다.

사실은 좋아하는 것처럼 보이는 것뿐이죠. 타고난 것처럼 보입니다. 이들도 앞에 나서는 것이 다른 사람들처럼 부담스럽기는 마찬가지입니다. 다만 다른 사람보다 한 발짝 더 미리 앞에 나가 설 기회를 스스로 만들고 있을 뿐입니다. 그 한 발짝을 앞서 나가기 위해 나름대로 수없이 고민하고 준비하고 있었던 것뿐입니다. 그 짓이 좋아서? 천만에! 자신을 위해서입니다.

동네 친목회장을 하려고 해도 하루 전에 내일 벌어질 모임에 대해서 계획을 세울 것입니다. 마치 장기를 두는 사람들이 몇 수를 내다보고 장기판에 말을 어떻게 둘까 계산하는 것처럼! 리더라고 다 나서기를 좋아하는 것은 아닙니다. 자신을 스스로 훈련할 수 있는 좋은 기회를 얻는 것입니다. 놀랍지 않습니까? 사람들은 책임을 갖는 행위를 싫어합니다. 왜냐하면 부담스러우니까! 자신의 개인적 시간을 헛된 것에 낭비하고 싶지 않기 때문이기도 하죠. 내가 왜? 이득도 없는 일에 시간을 낭비해야 해? 라는 생각이 앞서기 때문입니다. 헛된 시간을 빼앗기는 헛수를 두는 것이 아닙니다. 리더도 똑같은 인간입니다. 사람들 앞에 서면 두렵고 떨립니다. 그래도 거침없이 나갑니다. 리더들은 도대체 왜? 무모한 행동을 자처해서 이런 행동을 할까요? 성격 때문에요? 아닙니다. 그것은 집단을 통해서 스스로 자신을 훈련하기 위해 깔린 계산일 확률이 높습니다.

자신 즉, "나"를 스스로 훈련하고 있는 것입니다. 사람들 앞에 나서는 것은 보이지 않게 자신을 스스로 훈련하는 것이죠. 상대방은 모릅니다. 그저 봉사, 솔선수범 정도로 알고들 있습니다. 물론 그럴 수도 있지만 대부분 속셈은 따로 있는 것입니다.

집단을 활용해서 자신을 훈련하는 방법! 꽤 배짱과 머리가 있는 것 아닌가요?

그렇게 하지 않으면 어디서 훈련하겠습니까? 물론 있습니다. 저같이 센터를 운영하는 전문가를 찾아오시면 됩니다. 그러나 다른 것은 돈을 지불해야 된다는 것입니다.

이 방법은 남들이 모르는 곳에서 먼저 시행착오를 겪어보겠다는 생각입니다.

역시 좋은 방법입니다. 전문가는 여러분에게 어떤 도움을 줄까요?

전문가가 도움을 줄 수 있는 것은 계속 허락을 해주는 일입니다.

예를 들어 노래를 못한다고 생각하는 사람들이 노래 교실을 찾아가는 이유는 내가 스스로 허락하지 못하니까 전문가에게 허락받으러 가는 것입니다.

노래 전문가는 여러분이 노래해도 좋다고, 계속해서 허락해 줄 뿐입니다.

허락하는 횟수가 늘어날수록 노래는 잘하게 되고 이제 스스로 자신에게도 허락하는 단계가 오면 노래는 다 배운 것입니다.

결국 자신이 스스로 허락하지 못했기 때문에 남의 손을 빌리는 겁니다.

스스로 개척하지 않으면 전문가의 도움을 받을 수밖에 없듯이 자신에게 허락하세요. "할 수 있다"고 내가 나한테 허락하는 기술! 최고의 기술입니다.

5. 홀로서기

×××

차가운 사랑

늦다고 생각될 때가 가장 빠른 것이다.
무대가 익숙해지고 부담이 없는 것은 그 횟수에 비례한다.
집단 앞에서 내가 어떻게 존재하는지
체험을 통해 느껴야 한다.
스피치 교육 훈련장은 간접교육을 통해 익히는 것이다.
거추장스러운 것을 떼어 내라. 위선, 가식, 체면 따위.

우리는 세상에 나오면서부터 홀로서기를 배웁니다.

어느 시점까지는 보호자가 있지만 적절한 시기에 혼자 서야 할 때가 옵니다.

그러나 그때를 놓치면 홀로서기가 점점 힘들어집니다.

모든 것은 적절한 때가 있습니다.

짐승 중에서도 곰만큼 끔찍하게 새끼를 사랑하는 짐승도 드뭅니다.

그런 곰도 때가 되면 새끼를 품 안에서 떠나보낼 줄 압니다.

곰은 봄이 와서 산딸기가 열리면 새끼를 데리고 산딸기 있는 곳으로 갑니다.

새끼가 정신없이 따먹고 있을 때 어미 곰은 뒤돌아서서 그 자리를 떠납니다.

새끼 곰은 어미를 찾아 한참 울다가 혼자 살아가야 한다는 것을 본능적으로 압니다.

사람도 홀로서기를 아주 어렸을 때 엄마 품에서 배웁니다.

젖 뗄 때쯤부터 홀로서기가 시작됩니다.

'키니네'라는 엄청나게 쓴 약 성분을 물에 풀어서 젖무덤에 발라 놓습니다. 아기는 모른 채 엄마 품으로 달려들어 빨다가 쓴맛을 보고 "으앙" 울음을 터트립니다. 몇 번을 시도하면 아기는 엄마 품에서 멀어지는 동시에 밥상으로 다가앉는 법을 자연스럽게 배웁니다. 아기는 최초로 인생의 쓴맛을 보고 세상이 만만치 않다는 것을 몸으로 배운 것입니다.

자식에게 "냉정한 사랑"을 가르치지 못한 엄마는 평생 자식을 품 안에 끼고 살아야 합니다. 아이도 엄마도 서로 떨어지지 못하는 것입니다. 성장 과정 중에 융합의 단계에서 분리의 단계로 성장시키지 못한 것입니다.

이것은 마치 인공위성을 우주 궤도에 진입시킬 때 필요한 1단계 추진체가 분리되지 않아 추락하는 것과 마찬가지로 볼 수 있습니다.

우주에서 홀로 임무를 수행하려면 1단계, 2단계 추진체가 미련 없이 분리되어야 합니다.

많은 사람이 각자 자신에게 주어진 무대에서 홀로 서 있는 것을 두려워합니다. 두려워할 뿐만 아니라, 부끄러워 하기도하고 수치심을 느끼기도 합니다.

떼어버려야 할 추진체를 무겁게 매달고 있는 것입니다.

우주의 무대로 진입하기는커녕 혼자 서있는 자체도 상당한 부담을 느끼고 있는 것입니다. 세계 정상에 우뚝 서 있는 사람들은 어렸을 때부터 홀로 서 있는 것을 터득한 사람입니다. 빙상의 김연아도, 축구의 손흥민도, 야구장의 이승엽도 홀로서기를 일찍부터 배우고 가르친 결과입니다.

자식에 대한 뜨거운 사랑! 희생적 사랑도 필요하지만 곰처럼 차갑고 냉정한 사랑도 필요한 것입니다. 무대에서 부담 없이 즐기게 하고 정상에서 만나게 하려면 차가운 사랑으로 홀로서기부터 몸에 익혀줘야 합니다.

쿨해지는 것이 홀로서기의 비법입니다. 쿨해진다는 것은 냉정해지라는 것입니다.

냉정해진다는 것은 이성을 잃지 않은 자세를 말합니다.

이성 친구를 사귈 때 쿨해야 정말 사랑하는 친구를 사귈 수 있습니다. 사랑하고 싶은 이성 앞에서는 쿨해진다기보다는 비굴할 정도로 위축됩니다. 좋아하기 때문에 당연한 것 아닐까요? 하지만 상대방이 나를 볼 때 얼마나 자신이 없는 사람으로 보일까요! 그렇게 보여서 짝이 된다는 것은 힘든 일입니다. 흔히 우리가 경험해 봤지만 별로 관심이 없는 이성 친구 앞에선 당당해지고 태연해지고, 쿨해집니다.

그래서 그런지는 모르겠지만 결국 나중에 짝이 되었을 때 보면 내가 그다지 원하지 않은 이성 친구가 짝이 되는 경우가 허다합니다. 상대방에게 어떻게 보였느냐에 따라서 그런 조건이 주어지는 것이 아닌가 생각이 듭니다. 선택받고자 한다면 쿨한 사람이 되십시오! 그것이 비결입니다. 그래야 내가 원하는 상대에게 선택되기 때문입니다. 내가 좋아하는 이성에게 선택이 되려면 쿨하게 보여야 합니다.

당당해지기를 바랍니다. 그것이 선택받을 수 있는 비결입니다.

무대에서 홀로 서는데 세련된 사람은 정상에 우뚝 설 수 있는 확률이 높아지는 것입니다. 그것이 홀로서기 무대의 위대함입니다.

6. 광장 발성 안방 발성

×××

소리의 퇴화

퇴화한 목소리를 복원시켜야 자신감이 생긴다.

소리가 자기 몸에서 떨어져야 한다.

혀끝에서 나면 싼 티가 나고,

혀 뒤에서 나면 중후한 소리가 난다.

원래 인간의 목소리는 큰 목소리를 가지고 있었습니다.

커뮤니케이션 능력이 향상되고, 통신시설이 발달하면서 목소리가 점차 작아진 것입니다. 집단이나 자신이 속해있는 조직을 위험에서 벗어나게 하려면 목소리가 작아서는 안 됩니다. 생각해 보세요. 군사를 거느리고 수많은 적 앞에서 진두지휘해야 할 장군의 소리가 작으면 어떻게 인솔이 가능하겠습니까?

일찍이 서양 문화는 광장 문화! 동양 문화는 안방 문화라는 말이 있습니다.

광장 문화는 넓은 들에서, 초원에서, 야외에서 장엄한 사자후를 토해내는 소리입니다.

안방 문화는 밤말은 쥐가 듣고 낮말은 새가 듣는다는 속담처럼 소리를 내는데 아주 인색한 문화 환경입니다. 그래서 서양은 광장 발성인 성악이 발달하였고, 동양은 안방 발성인 판소리가 발달하였습니다.

성악은 소리를 자기 몸에서 떼어 내는 소리를 하고 판소리는 소리를 누르는 힘을 키우는 것입니다. 어쨌든 청중 앞에서 유리한 목소리는 소리가 몸에서 떨어져 나가야 멀리까지 갈 수 있는 광장 문화 형태를 취하는 것이 스피치 훈련에서는 도움이 됩니다.

발성은 또 건축 구조와도 연관이 되어있습니다. 서양은 돌로 된 건축구조물이 많습니다. 석조 건물에서는 힘을 안 들이고 말해도 울림이 있는 소리가 납니다. 그러나 우리의 전통 건축구조물의 골격은 대부분 나무, 벽은 흙, 문은 종이 등으로 되어있었습니다.

이런 구조물에서 소리를 내면 거의 흡수가 되어 상대방이 잘 알아듣지 못하는 경우가 많습니다. 그래서 높은 음, 즉, 경음이 발달하였습니다.

예를 들면 "민수야 밥 먹어"하고 목소리를 긴장시켜서 높은음으로 불러야 알아듣습니다.

무대에서는 경음을 내면 천박하게 들립니다. 생각해 보세요. 발표하는 연사가 계속 고음을 내면 듣는 사람이 얼마나 고통스럽겠습니까? 잠깐은 괜찮겠지만 30분 이상을 듣는다고 생각해 보세요. 일단, 혀끝에서 소리를 내면, 싼 티가 나고, 혀 뒤에서 소리를 내면 중후한 소리를 끌어낼 수 있습니다.

혀 뒤에서 소리가 나도록 노력해 보세요.

7. 말값이 몸값

×××

머리와 가슴 / 로고스, 파토스

말은 자신의 존재를 완성하는 최종 주자다.

스피치 능력이 스펙이다.

커뮤니케이션 향상이란 언어의 성숙도를 말하는 것이다.

선진 유럽에서 리더의 필수적인

승진 조건은 스피치 능력이다.

말값이 몸값 시대입니다.

요즘은 "말"만 잘해도 먹고 사는 게 해결이 됩니다.

특강 강사도 그렇고, 유튜브 크리에이터도 그렇습니다.

불과 몇 해 전까지만 해도 말만 잘하면 선수나 사기꾼 소리를 들었습니다. 오히려 말없이 묵묵히 자기 일을 해 나가는 사람을 신뢰했습니다.

1995년 초대 민선시장으로 출마한 서울대 총장이었던 조 ○ 후보가 좋은 예입니다. 후보 연설이나 토론 연설에서 보면 세 후보 중 가장 언변이 없었습니다.

당시 박○○ 후보(변호사)는 능변가였고, 정○○ 후보(대학교 부총장)는 풍부한 지성을 갖춘 언변가입니다. 여기서 눌변에 가까운 조 ○ 후보가 당선이 되었습니다. 말 잘하는 사람을 그렇게 좋은 시선으로 바라보지 않았던 시절도 있었습니다.

"말"보다는 "몸"으로 보여주는 것을 중요시했던 시절이죠. 사실 농경사회나 산업사회는 "말"보다는 "몸"이 더 중요한 아날로그 시대였기 때문에 당연한 것이었죠.

지금은 아닙니다. 이제 몸보다는 말입니다. 말값이 곧 몸값인 시대입니다.

말은 자신의 존재를 완성하는 최종 주자 역할을 합니다.

말을 이해하는 것은 인간을 이해하는 것입니다.

말을 나누다 보면 싸움에 휘말려 곤욕을 치르기도 하지만 또 말재간이 능한 사람은 이성 간에 말을 섞다 보면 같이 침대로 가는 데 유용한 도구로 사용되기도 합니다. 말은 권력의 도구로도 쓰입니다.

우리 주변에, 실력은 있는데 말주변이 없어서 끙끙거리는 사람들이 많습니다. 반면 말주변 때문에 실력을 인정받는 사람도 있습니다.

예전처럼 말보다 발로 뛰는 세상이 아닙니다. 말을 잘하면 서로 모셔가려고 대기하고 있는 세상이 되었습니다. 말 만 잘한다고 손가락질받던 시대에서, 말 만 잘해도 먹고사는 시대로 변했습니다.

말값이 몸값입니다. 스피치 실력이 곧 스펙입니다!

즉, 스피치 능력이 그 사람의 인격이고 품성입니다.

얼마 전까지만 해도 학위, 자격 조건 등 한 보따리씩 가져가야 취업에 도움이 되었습니다. 세상이 바뀌었습니다. 말하는 실력만 제대로 갖추면 만사가 해결됩니다.

스피치 능력을 갖추어야 합니다. 분명 21세기의 필수적인 도구임이 틀림없습니다.

8. 공신력이 힘!

×××

외부로 보이는 인품 / 에토스

공신력은 그 사람이 지닌 아우라 즉, 후광효과다.

공신력은 말의 위력 60% 차지한다.

공신력이 약한 사람은

자신의 프로필을 최대한 활용해야 한다.

"콩으로 메주를 쓴다고 해도 안 믿는다"라는 말이 있습니다.

내가 한 말은 씨도 안 먹히는데 어떤 유명 인사가 하면 감탄을 하면서 맞는 말이라고 쉽게 동의합니다. "사실 내가 먼저 한 말인데" 하면서 억울한 생각이 들 때가 있을 것입니다.

말을 누가 하느냐에 따라 먹히기도 하고 안 먹히기도 합니다.

이것이 바로 공신력 즉, 그리스 말로 에토스라고 합니다. 에토스라는 말은 그 사람의 신뢰도입니다. 평소에 그 사람이 지닌 인격이나 품성입니다.

공신력이 높은 사람이 말하면 팥으로 메주를 쓴다고 해도 믿습니다.

다시 말해 상대방에게 신뢰도가 높으면 한참을 내가 잘난 사람이라고 입에 침이 마르도록 말하지 않아도 인정하고 귀를 기울이게 됩니다.

실제 ○○ 대학교에서 신학기가 시작될 때 학생들을 대상으로 실험을 해봤습니다.

교수의 경력과 자격(프로필)을 그럴듯하게 말하고 한 학기의 수업을 마친 결과와, 간단히 자신의 이름을 대고 수업을 이끌어갔던 교수와의 차이는 커다란 차이를 보였다는 실험입니다. 수업에 임하는 학생들의 태도도 달랐습니다. 이력을 화려하게 말한 교수에게는 적극성을 보였던 학생들이, 자신의 실력만을 믿고 이름만 댔던 교수에게는 수업에 흥미를 잃어 학업 성적이 떨어지는 차이를 보였다고 합니다.

이것이 에토스 즉, 신뢰도의 효과입니다.

'에토스'의 사전적 의미는 '인격, 또는 품성'으로 표현되어 있습니다.

유명인이 아니라면 자신의 인격과 품성을 은근히 드러내는 것도 하나의 방법입니다. 그래야 상대방이 귀를 기울입니다. "들어볼 만하겠는데"라는 생각이 들기 때문입니다.

사회자가 강연자를 소개할 때 유명인이 아니면 바로 이 에토스 시간이 길어집니다. 오늘 강연자가 어떤 사람이라는 것을 한참 떠들어대야 청중으로서는 귀가 솔깃해지기 때문입니다.

시작할 때 에토스 부분은 지극히 당연한 순서라고 생각합니다.

청중은 전문 능력을 갖춘 사람에게 듣고 싶은 것 당연한 일 아니겠어요?

이 사람이 과연 이런 말을 할 수 있는 자격이 있는 사람인가? 라고, 검증하는 단계입니다. 아무에게나 자신의 귀중한 시간을 빼앗기고 싶지 않기 때문이죠.

그래서 에토스 부분이 화려하지 않으면 들어볼까 말까, 하다가 자리를 뜨는 사람도 있고 어쩔 수 없을 땐 의자에 가만히 앉아 있지만 마음은 벌써 그 자리에서 떠나버린 경우가 많습니다.

친한 친구나 가족, 나를 잘 알고 있는 지인들 앞에서 평소에 하지 않던 심오한 말을 하면 잘 들으려 하지 않거나 딴청을 피우는 것도 에토스 부분의 영향이 크기 때문입니다. 오죽하면 예수님도 이적을 행하실 때 다른 동네에 가서 하셨을까요?

이처럼 연사의 신뢰도를 높이고 견고하게 하기 위해서는 거북스러워도 자신의 이력과 경력을 늘어놓을 필요가 있습니다. 별로 내세울

것이 없으면 보이는 외모, 깔끔한 복장, 머리 스타일, 구두 즉, 외모로
보이는 부분만이라도 호감 받을 수 있게 차려입으세요. 에토스는 그
날의 강연 분위기를 결정하는 데 막중한 역할을 하기 때문입니다.

　강연의 전체 분위기는 에토스(공신력) 부분이 60%를 차지한다는 통
계가 있다는 것을 잊지 마십시오.

9. 표현의 차이

×× ×

동서양의 문화

부족한 부분을 보완하는 것!
동양인은 서정적, 시골적, 서양인은 직설적, 도시적이다.
관계 개념과 분류 개념이 잘 조화를 이루어
말하는 습관을 들이자.

문화나 환경, 사람에 따라 표현 방식은 다릅니다.

남녀의 이성적 문화도 동, 서양이 판이합니다.

서양에서는 사랑이 동양에서는 불륜입니다.

분류의 개념이 발달한 서양 문화와 관계의 개념이 발달한 우리 문화의 표현 역시 다를 수밖에 없습니다. 관계적 개념은 동양적 개념입니다. 서로 다른 사물을 연결해서 의미를 묶습니다. 분류적 개념은 서양적 개념입니다

그러기 때문에 동서양의 스피치 표현 방법도 다릅니다.

서양적 표현은 사실을 증명하기 위한 분류 방식 스피치라면 동양적 표현은 관계적 맥락을 지닌 연관성 스피치입니다.

예를 들면 "눈물이란 무엇인가?"라는 주제가 주어졌을 때 동양적 표현은 슬픈 생각을 하게 됩니다. 반면 서양의 경우 눈물이라는 단어 중심의 해석적 표현을 하게 되죠. 동양적 표현은 "눈물"이라는 단어 자체를 해석하는 것이 아니라 "눈물"이 생기게 된 근본 원인을 어떤 배경에서 찾아내어 슬픔이라는 주관적 감정과 연관 짓게 되죠. 서양적 표현은 단어 해석 중심으로 시작합니다. 그 단어가 지닌 본질과 특성의 단어 중심 표현은 일단 사전적 의미라든가 주제에 대한 정의를 먼저 말하기 때문에 생각하는 데 시간이 그렇게 많이 안 걸리게 됩니다.

다시 말해서 분류 개념이란

"눈물이란 무엇인가?"의 주제가 주어졌을 때 '눈물은 눈알 바깥 면 위에 있는 눈물샘에서 나오는 분비물이며, 눈물층을 따라 쉴 새 없이

흘러내리면서 코의 비루관을 통해 빠져나간다. 극소량이기 때문에 느끼지 못할 뿐이다.

눈은 4~5초에 한 번씩 깜박이게 되고 기본적 눈물은 이 간격마다 배출되면서 눈물을 고르게 퍼 촉촉한 눈 상태를 유지해 준다.

눈물의 주성분은 수분이 98% 단백질이 0.4% 식염, 탄산나트륨, 인산염, 지방 등으로 돼 있다.' 등으로 표현됩니다. 꽤 논리적이죠?

관계 개념이란

"눈물이란 무엇인가?"라는 주제가 주어졌을 때 슬픈 사연을 생각해 낸다는 것이죠.

힘들었던 경험이나, 슬픈 영화의 주인공을 떠올리며 표현하는 방식입니다.

동서양의 표현은 이처럼 문화, 정서적 차이가 전혀 다르게 표현됩니다.

어느 것이 좋다 나쁘다가 아니라 표현 방법이 매우 다르다는 얘기입니다.

서양인들은 하나의 자연 개체를 분류하고 쪼개는 습성을 가지고 있습니다.

동양인이 서정적이고 시골적이라면, 서양인은 직설적이며 도시적이라 할 수 있죠.

그렇다면 문화적 개념 차이가 연단이나 무대에서 발표하는 사람에게 어떤 영향을 끼칠까요? 관계 개념 사고는 이야깃거리를 찾아내는 데 시간이 오래 걸린다는 단점이 있습니다. 외부에서 관계되는 맥락을 찾아야 하므로 비슷한 것도 많고 종류도 여러 가지이기 때문입니다. 반면 분류적 개념은 바로 이야깃거리를 찾아낼 수 있는 특징을 가지고 있습니다. 머뭇거릴 것도 없이 자기가 아는 범위에서 현상이나 특성을 말하면 되기 때문입니다. 그러나 분류적 개념은 꽤 건조하고 딱딱하게 들리는 단점을 가지고 있습니다. 우리가 생각할 때 지나친 이성주의라는 생각이 듭니다. 관계적 개념은 가슴으로 표현되는 것이기 때문에 여운이 길게 남는 특징을 가지고 있습니다.

어느 표현이 더 우월하다고 말할 수 없습니다. 동서양의 개념이 서로 다르게 표현되는 것뿐입니다. 그러니까 양쪽의 장점을 잘 어울리게 구성해서 사용하면 상당히 이상적이라는 이야기입니다. 시작할 때는 정확하고 빠른 시간에 유리한 분류 개념으로 시작하고 이야기를 전개해 나가면서 관계적 개념으로 전환하면 듣는 청중이나 집단에게 머리와 가슴을 다 만족하게 할 수 있는 좋은 스피치가 될 것입니다.

10. 메라비언 법칙 오해

×××

감정의 동물

텍스트가 7%, 비언어적인 요소가 93%
말에 감정이 전달되지 않으면 글을 읽는 것이나 다름없다.

메라비언의 법칙

미국 캘리포니아 대학교 심리학과 명예교수가 1971년의 출간한 저서에 발표한 것입니다. 커뮤니케이션의 이론으로 오늘날에도 회자하고 있습니다.

발표를 하는 사람이 듣는 사람에게 어느 부분에서 더 영향을 미치는지를 연구조사한 내용입니다. 그의 말은 내용 표현에서 7%, 음성 표현에서 38%, 신체 표현에서 55%로 즉, 사람은 내용보다는 목소리나 제스처가 훨씬 공감대가 형성이 잘 된다는 말입니다. 말에 감정이 전달되지 않는다면 글을 읽는 것과 다를 것이 없다는 것입니다.

말과 글은 확연히 다릅니다. 글은 사람과 문자가 만나는 것이고, 말은 사람과 사람이 만나는 것입니다. "당신을 사랑해"라는 말을 아무런 표정이나 감정 없이 했다면 듣는 사람은 그 말을 믿을까요? 이 사람이 정말 사랑해서 사랑한다고 하는 것인지 아니면 그냥 듣기 좋으라고 하는 것인지 진정성을 글로는 파악이 잘 안된다는 이야기입니다. 사랑한다는 언어적 표현에는 여러 가지 요소가 함께 전달되어야 한다는 것입니다. 문장 그 자체만으로는 전달하는 사람의 의도를 정확하게 파악하지 못하기 때문에 신뢰가 가지 않는다는 것입니다. 사랑한다고 말할 때는 상대방의 진실성을 확인 할 수 있는 요소가 필요하다는 것입니다. 영원히 사랑할 것 같은 강렬한 눈빛을, 가장 소중한 물건을 대하듯 조심성과 진정성이 담겨있는 진지한 태도를 보여줘야 상대방이 인정하게 되기 때문입니다. 그러니까 언어적 표현과 비언어적 표현(신체 표현)을 동시에 해야 한다는 이야기입니다. 그런데 문자에는 비언어적인 요소를 찾아볼 수가 없습니다. 전형적인 언어 즉, 텍스트 자체만으로는 그 의도가 정확히 파악이 안 되는 것이죠. 여기에 비언어가 살아 움직이게 하는 것, 눈빛, 손짓, 워킹, 억양의 높낮이 이런 비언어적인 요소가 함께 표현되어야 효과가 훨씬 커진다는 것이 메라비언이 주장한 법칙이죠

 말과 문장은 다릅니다. 감정이 배제된 말은 혼자 달리는 말과 다를 바 없습니다. 즉, 감정이 말의 힘을 빌려 상대방에게 전달되는 것입니다. 이것은 마치 사람이 목적지에 도달하기 위해서 말을 타고 달려가는 것과 같다고 보면 됩니다.

11. 텍스트와 콘텍스트

×××

논리와 에피소드

말에도 행간과 행간이 있다.
말 잘하는 사람은 텍스트와
콘텍스트를 절묘하게 조화를 이룬다.

텍스트와 콘텍스트!

텍스트란 "해석되기 이전의 원천"이라고 말합니다. 다시 말하면 드러난 부분을 텍스트라 하고 잠재된 내용을 콘텍스트로 보면 됩니다.

어떤 말을 하기 위해서는 어떤 토대나 근거, 또는 바탕, 기록된 것이 있겠죠. 이것을 텍스트라고 한다면, 그것을 바탕으로 자신의 삶을 조명해 보고 나름 자기 관점에서 바라보는 것을 콘텍스트라고 보면 됩니다.

콘텍스트를 조금 더 확장하면 상상력이라고 할 수 있겠죠.

상상력은 개인들이 가지고 있는 무한한 자원입니다. 텍스트의 원천을 상상력의 자원으로 그 배경을 확장하는 것입니다. 텍스트가 일반적이고 보편적인 지식이 나열된 것이라면 콘텍스트는 전문 용어로 매시업(여러 가지를 섞는다)이라고 표현할 수 있습니다.

공개석상에서 말을 해본 경험이 없는 사람들은 대부분은 자기 생각보다 보편적이고 일반적인 지식을 이야기하고 싶어 합니다. 왜 그렇겠습니까? 인정을 받고, 내가 하는 소리가 허튼소리가 아니라는 것을 공유하고 싶어 하기 때문입니다. 한마디로 "없는 말 하는 것 아니지 않냐?"라는 것이죠. 그러나 경험이 많은 분들은 자기가 알고 있는 지식을 나열하기보다는 자기 생각과 경험을 많이 이야기합니다. 그러기 때문에 말할 거리가 궁색하지 않고 풍부하게 말할 수가 있는 것입니다.

듣는 사람들은 누구나 다 아는 일반적이고 보편적인 내용에는 별로 관심이 없습니다. 웬만한 것은 그들도 다 알고 있는 내용이고, 지식이기 때문입니다. 나만의 경험이나 에피소드, 내 생각이나 견해는 누구도 갖고 있지 않은 나만의 세상입니다.

사람들은 그것을 듣고 싶어 하는 것입니다.

12. 묵상의 시간

×××

아이디어 찾기

생각을 되새김질하라.

언어를 눈으로 먹고, 귀로 먹고, 온몸으로 먹어라.

읽고 쓰고 말하고를 잊지 마라.

묵상이라는 용어는 기독교에서 주로 사용하는 것으로 정신을 모아 잠잠히 생각하는 시간을 말합니다. 묵상의 발원지는 원래 가축에서 비롯되었습니다.

초식동물인 가축이 초원에서 맹수들의 눈을 피해 급하게 풀을 뜯어 먹고 안전한 곳으로 돌아와 편안한 상태에서 되새김질하는 과정을 묵상이라고 합니다.

이처럼 우리가 듣거나 보거나 했던 것들을 조용한 시간에 되새김질하듯 회상하는 시간이 필요하다는 것입니다.

급하게 취한 정보나 지식을 어떤 여과나 생각할 겨를도 없이 그대로 방출하다 보면 그냥 어떤 내용을 전달하는 수준밖에 안 됩니다. 듣는 사람들은 더 깊숙한 본질을 알고 싶어 합니다. 그것을 통찰이라고 합니다. 어떤 사물을 꿰뚫어 그 너머의 메타포 세계를 들어서 만나보고 싶은 것입니다.

무엇인가 느낌이 크게 와닿았던 내용들을 나름대로 숙고해 보는 시간을 통해 또 다른 내 안의 정보와 교집합이 되는 부분이 바로 그런 것을 이야기하는 것이죠.

이러한 것들을 함께 전달할 때 메시지뿐만이 아니라 메신저 역할을 훌륭히 해낼 수 있는 것입니다. 연사가 연단에 나가서 주관적인 견해가 없이 객관적인 사실만 늘어놓다 보면 남의 얘기만 떠들게 되는 꼴이 되고, 남의 얘기를 전달하고 내려오는 꼴이 되는 것이죠.

읽고, 쓰고, 말하다 보면 엄청난 내공이 쌓이게 됩니다. 저도 수없는 시행착오를 겪었습니다. 어떻게 하면 좀 더 나은 강의를 할 수 있을까? 어떻게 하면 사람들은 즐겁게 하고 감동, 감화를 시킬 수 있을까? 그 감격하고, 깨닫고, 느끼는 모습을 보고 싶은 것이 아마 연단이나 사람들 앞에서 말하는 직업을 가진 사람들일 것입니다.

읽고, 쓰고, 말해보는 것 동서고금을 막론하고 그것은 진리라고 생각합니다.

13. 스피치는 전인적 교육

××××

인성, 지성, 감성, 영성

스피치는 전인적 교육이다.
미성숙한 표현과 성숙한 표현
사어를 생어로 바꾸어라

스피치는 전인적 교육입니다. 종합 예술입니다.

있는 것을 그대로 표현하는 것은 일종의 데이터를 설명하는 것입니다.

예를 들면 원시인이 세상에 처음 출현했을 때 하늘과 땅과 풀과 냇물과 토끼, 짐승들이 있는 것을 보고 그대로 표현하는 것은 주위의 사실과 사물들을 설명하는 수준에 그치는 것입니다. 일종에 데이터를 전달하는 꼴이죠. 그러나 한 걸음 더 나아가서 토끼들이 풀을 뜯어 먹고 풀은 흙에서 자라고, 구름에서 비가 되어 내린다는 것을 알고 맹수가 토끼를 잡아먹는다는 사실을 아는 것까지가 지식입니다.

한 차원 더 깊이 생각해 볼 때 만약 맹수들을 모두 죽이면 먹이 사슬이 끊어져서 토끼들은 기하급수적으로 불어나고 풀들을 모두 먹어 치우기 때문에 초원에는 풀이 없어지고 폭우라도 쏟아지는 날에는 토양이 물에 씻겨 내려가 결국 생물들이 살 수 없는 황무지가 된다는 사실을 깨닫는 것이 지혜의 단계까지 온 것입니다.

사물을 주의 깊게 관찰하고 고찰할 때 생각의 깊은 우물에서 지혜를 퍼 올릴 수 있는 것입니다.

또한 스피치는 공적인 대화로서 일상에서 사용하는 대화보다는 약간의 여과가 필요한 대화입니다. 왜냐하면 일대일의 사적인 감정을 주고받는 것이 아니라 공적인 감정을 공유해야 하기 때문입니다. 사적인 언어 표현에는 미성숙한 언어들이 포함되어 있어도 공론화되지 않기 때문에 별문제가 없습니다.

말할 때 우리가 또 주의해야 할 것은 글에는 사어, 즉 한자어가 많이 포함되어 있다는 것입니다. 한자어는 추상적인 용어입니다. 이미지가 쉽게 포착되지 않아서 메아리처럼 귀에 쉽게 스쳐 가게 됩니다. 될수 있으면 생어를 사용해야 합니다. 생어란 일상에서 사용되는 생활용어를 말하는 것입니다.

스위스의 언어학자 소쉬르는 잠재된 언어를 랑그라고 표현합니다. 공적인 언어지요. 개인이 언어활동을 통해 소통하는 언어는 파롤이라는 용어를 사용합니다.

랑그는 언어의 체계이고 파롤은 언어의 활동으로 보면 됩니다. 랑그는 사회적 공통 언어로 각 개인의 내면에 보관되었다가 일상적인 언어로 각 개인이 자기 색깔대로 표현하고 사용하는 파롤이라는 형태로바뀌게 되는 것이죠.

글을 쓸 때는 이러한 순화 과정이 현저히 줄어들고 랑그 자체로 표현되는 성격이 있습니다. 그러므로 억양이나 감정의 노출이 현저히줄어듭니다. 이렇게 되면 말의 생명력은 사라지고 문자의 추상적인 사어들로 채워지게 됩니다.

이것이 말과 글이 다른 이유입니다. 말은 문맥이 해체되어도 알아들을 수 있는 특징을 가지고 있고 특히 일상에서 사용하는 생활언어가 훨씬 교감이 잘됩니다.

따라서 스피치는 지성만 전달하면 건조하고, 인성만 전달되면 남는게 없고, 감성만 전달되면 메시지가 없게 되는 것이라, 전인적인 표현력이 중요하다는 것을 알고 현상에서 본질까지 꿰뚫어 보는 능력을 키워야 합니다.

14. 모방에서 출발하는 독창성

×××

기본/응용/독창성

"배우다"와 "흉내 내다"는 동의어
지식과 상상을 섞어라
모방에서 출발하는 독창성

배우고 익히는 과정을 기본/응용/창의 과정으로 나누어 보겠습니다.

배운 것을 그대로만 적용하면 아마추어 수준입니다. 그저 취미 수준밖에 안 됩니다.

독창적이라고 할 수 없습니다. 모방은 흉내를 내는 것이지 온전한 자기의 모습은 아닙니다. 자기 혼자만의 기교입니다. 모방의 단계를 뛰어넘기 위해 응용의 단계가 징검다리가 되고 독창의 세계까지 갈 때 창의적이라고 할 수 있습니다.

그런데 보통 사람들은 웬만큼 노력해서 응용의 단계까지는 쉽게 갑니다.

통계에 의하면 97% 정도까지 배운 것을 바탕으로 응용의 단계까지 가는데 독창의 단계까지 가는 사람들은 불과 2~3명 정도라는 것입니다.

배운 지식을 그대로 사용하면 그것은 복사품입니다.

자기 상상력과 지식이 섞였을 때 제 삼의 결과물 즉, 창의성이 발휘되는 것이죠.

스피치에서도 모든 사람이 지식만을 가지고 표현한다면 얼마나 건조하고 메마른 대화가 되겠습니까? 창의성이란 특별한 것이 아닙니다. 없는 것을 있게 하는 것이 아니라 있는 것들을 섞어 제 3의 결과물을 만들어 내는 것입니다.

사람들은 이런 '창의적' 단계를 보여주고 들려줄 때 환호합니다.

창의성은 낯선 것이요. 낯설다는 것은 독창성을 의미하는 것입니다.

낯선 것은 설렘의 대상이며 한편으로는 흥미의 대상입니다.

설레고 낯선 것에 사람들은 흥미를 갖습니다. 인간에게는 파격적

모험을 추구하는 본성이 있기 때문입니다. 그러나 부담감 때문에 이런 흥미롭고 낯선 것은 타자가 대신 해주기를 은근히 바랍니다.

새로운 것을 듣고 만나보고 싶은 것이 인간의 본성입니다. 그러기 위해서는 창의적 사고가 필요합니다. 또는 그런 자료들을 준비해야 합니다.

15. 언어의 힘

×××

말의 힘이 미래를

긍정 신념
나는 할 수 있다.
나는 청중 앞에 서면 왠지 기분이 좋아진다.
나는 어떤 상황에서도 나를 잘 표현할 수 있다.
나는 많은 청중 앞에 서게 되는 것을
커다란 행운이라고 생각한다.

복싱계의 신화를 남긴 알리(클레이)라는 흑인 선수를 아실 겁니다. 그는 "나비처럼 날아서 벌처럼 쏜다"라는 유명한 명제를 남겼습니다. 또 그는 선언승구전(말로 먼저 이겨놓고 몸으로 싸워서 이긴다.)을 하는 선수입니다.

예를 들어 상대 선수를 3회에 KO 시키겠다고 호언장담을 먼저 해놓고 반드시 그 경기에서 말한 대로 결과물을 얻어냅니다.

그는 경기 전에 늘 입버릇처럼 떠벌렸습니다. 시작도 하기 전에 입방아를 찧는 것이죠. 그것도 자신이 유리하게……. 그래서 떠버리 클레이라는 별명까지 붙었습니다.

그런데 놀라운 것은 그의 선수 생활 전반에 걸쳐 거의 말한 대로 성과를 얻어냈다는 사실입니다. 필자가 잘 아는 사람 중에 세계 챔피언을 두 체급이나 차지한 선수가 있습니다. 4전 5기의 신화를 남긴 홍수환 전 세계 챔피언입니다. 그도 이와 비슷한 점이 있습니다. 클레이와 닮은 점은 잽과 스텝뿐만이 아닙니다. 먼저 말로 선언하고 경기에서 승리한다는 점에서 비슷합니다. "나는 최고야, 너는 반드시 나한테 져!" 이렇게 마음먹고 선언하면 육체는 말을 듣는다는 것이 그의 지론입니다.

2018년 리우 올림픽 펜싱 금메달 박상영 선수를 아실 겁니다.

펜싱 경기 스코어는 14 : 9로 패색이 짙었습니다. 1분간의 휴식 시간! 이제 승패의 당락을 좌우할 마지막 순간만 기다리고 있었습니다. 그가 휴식 시간 동안 할 수 있었던 일은 오직 "할 수 있다, 할 수 있다, 이길 수 있다, 이길 수 있다."라는 말뿐이었습니다. 어떤 생각도 떠

오르지 않았다고 합니다.

그리고 종이 울리자마자 무섭게 튀어 나갔습니다. 결과가 어떻게 되었습니까? 15 : 14로 대역전극으로 펜싱의 신화를 이루어냈습니다. 이것이 언어의 힘입니다.

언어의 힘은 미래를 만들어 냅니다.

일본에서는 "고토 야마", 즉 언어에 혼령이 있다는 속설이 있습니다. 우리나라 속담에 "말이 씨가 된다"라는 말도 있습니다.

무심코 뿌린 말의 씨가 좋은 열매를 맺기도 하고 언짢은 열매를 맺기도 한다는 이해인 시인의 "말을 위한 기도"처럼 어디서 어떻게 열매를 맺을지는 예측할 수 없는 게 언어의 힘입니다.

언어는 즉, 말은 그저 우리의 귓전을 스쳐 지나가 사라지는 것이 아니라 우주 어디엔가 머물러 있다가 다시 파동이 일어 돌아와 자신의 인생과 운명에 결정적인 영향을 끼치는 것입니다. 이런 언어를 어떻게 사용하실 겁니까?

16. 숨길이 말길이다

×××

깊은 호흡

소리는 호흡을 재료로 삼는다.
숨이 막히면 말이 막힌다.
소리는 진동이다.

말길이 숨길입니다.

말길이 막히면 숨길이 막힙니다. 말길이 험난하면 숨길도 험난합니다.

숨과 소리를 이해하면 신이 된다는 이야기도 있습니다.

호흡의 중요성을 말하는 것입니다.

우리 몸의 중심은 단전입니다. 배꼽 밑에 5센티!

인간의 내비게이션! 이곳에 호흡을 모읍니다. 물론 배로 호흡이 들어가는 것은 아닙니다. 단지 호흡을 통해서 배를 불룩하게 만들어 보는 것입니다.

왜냐하면 호흡이 소리의 재료이기 때문입니다.

호흡의 양이 많으면 짧은소리를 내지 않습니다.

스피치를 할 때 숨을 자주 마시는 것은 그만큼 호흡이 짧다는 것입니다.

호흡이 짧으면 자주 쉬어야 하고 자주 끊깁니다. 그렇게 되면 목소리가 떨리며 빨라지고 불안해지기 시작합니다.

복식호흡이 중요하다는 것은 다 아는 사실입니다. 그러나 일상생활에서 활동하는 동안에는 일반적으로 흉식(가슴을 들먹이는 숨) 호흡을 하게 됩니다.

의식적으로 하기 전에는 좀처럼 복식호흡이 되지 않습니다. 그렇지만 복식호흡을 의식하지 않아도 되는 때가 있습니다.

하루 24시간 동안 복식호흡이 자연적으로 되는 시간이 있습니다.

자리에 눕게 되면 복식호흡을 하게 됩니다. 다시 말하면 잠자리에서는 복식호흡을 하게 되어있습니다. 누워서 책을 들고 읽다가 힘들어서 배 위에 올려놓고 쉬어본 적이 있을 것입니다. 그럴 때 보면 책이 올라갔다 내려갔다 하는 현상을 느낀 적이 있을 것입니다. 이럴 때 복식호흡과 동시에 발음 연습을 하면 좋은 효과를 거둘 수 있습니다. 누워서 나무젓가락을 물고 좋은 글귀를 준비해 두었다가 잠들기 전 5~10분 정도 소리 내어 읽어주면 발음과 복식호흡 훈련을 동시에 할 수 있습니다.

이렇게 훈련하게 되면 발음교정 되고 공명이 되는 소리도 낼 수 있습니다. 공명이란 소리의 울림인데 기분 좋은 소리를 만들 수 있습니다.
소리의 울림이란 진동을 말하는 것입니다. 그 진동은 자신뿐만이 아니라 듣는 이도 기분 좋게 듣습니다.

"목소리 미인이 얼굴 미인보다 더 매력적이다"라는 말이 있습니다.
목소리에 관심을 두고 매력적인 목소리를 만들어 보세요.

17. 삶의 무대

×××

무대의 주인공

목소리를 내는 사람이 주인공이다.
생각하는 힘을 키워라!
언어는 표현의 최종 주자다.

삶의 무대

무대 위에서 음악 하는 범주를 크게 분류해 보면 노래 부르는 가수, 무용수, 연주자입니다. 이 세 부류 중 주인공은 노래 부르는 가수입니다.

물론 때에 따라서는 달라질 수 있습니다. 하지만 적어도 노래하는 가수를 포함한다면 그렇습니다.

뮤지컬에서도 성악가, 무용수, 연주자 순입니다.

공연에서 뮤지컬 음악을 하고 싶은데 목소리가 안되면 무용을 맡아야 합니다. 몸으로 하는 무용도 별 재능을 발휘하지 못한다면 다음 단계를 선택해야 합니다.

도구 즉, 악기를 연주하는 역할을 맡아야 합니다.

삶의 무대에서도 이와 비슷하지 않을까요?

목소리를 내서 세상을 설득할 수 있는 능력을 갖췄다면 최고의 권력을 가진 것이 아닐까요? 몸으로 능력을 인정받는 사람! 도구를 사용해서 삶을 해결하는 사람 등에 비유하면 그렇지 않은가요?

일반적으로 사람들은 깊이 생각하는 것을 힘들어합니다.

"너! 깊이 생각을 5분 해볼래? 아무 생각 없이 삽 들고 땅을 30분 파볼래?" 하면 97%는 후자를 택하고 3%만 생각을 선택합니다. 머리를 돌린다는 것이 훨씬 에너지 소모가 많고 어렵다는 얘기 아닌가요?

그런데 이들 3%가 결국 97%를 이끌고 가는 리더가 됩니다.

생각하는 힘! 깊은 생각 속에서 퍼 올린 본질의 세계! 그것은 자신만의 통찰의 세계일 것입니다.

그런 생각이나 사유했던 것을 얼마나 자신 있게 표현할 수 있는가요?

약 천오백만 인구의 이스라엘 민족은 1948년 건국 선언 전후로 노벨상을 가장 많이 받은 민족입니다.

이렇게 되기까지는 어떤 교육의 힘이 작용했을까요?

이스라엘 민족은 오래전부터 농사지을 땅도, 제대로 된 직업도 없었습니다.

그들이 성공적인 지도자를 많이 배출할 수 있었던 것은 사유의 힘이었고 실전에 적용하는 도전 정신이었습니다. 그것이 하브루타 토론식 교육이고, 무모할 정도로 위험을 감수하는 후츠파 정신입니다.

PART II.

행동 훈련 편
[변화 단계]

18. 시선 1

×××

신체의 권력

시선 공포는 상대방의 눈을 통해서 그 사람의 의도를 부정적으로 해석하기 때문이다. 눈을 통해 상대방의 의도를 파악하는 것은 바라보는 사람이 해석하기 나름이다. 상대방이 어떤 눈으로 비치는지를 결정하는 것은 바라보는 사람이 기준이 되는 것이다.

"눈은 마음의 창"이라는 말도 있다. 창문 안쪽에서 밖을 볼 때는 훤히 보인다. 그러나 창밖에서 안을 들여다보는 것은 밤에 라이트를 켠 자동차 앞에서 차 안을 들여다보려고 애쓰는 것과 비슷하다. 안에서 밖이 서로 보여야 한다.

시선은 신체적 표현에서 중요한 역할을 한다. 연사가 청중을 바라보지 않으면 청중은 연사에 대한 공신력을 확보할 수 없다. 연사와 청중 사이에 신뢰가 바라보는 것만으로도 마음의 창을 연다.

청중 앞에서 발표하거나 말해야 하는 사람들이 가장 많은 부담을 느끼는 부분이 바로 시선이다.

청중들 앞에 서서 이야기하다 창피를 당한 경험이 있거나 발표 불안 증세가 있는 사람은 청중의 시선을 생각만 해도 오금이 떨려오고 식은땀이 날 것이다.

그렇지만 청중이나 군중의 심리를 아는 사람은 당황하지 않는다.

그 이유가 무엇인지 궁금하지 않은가? 의미심장한 시선으로 보이지 않는 곳을 보려고 애쓰지 않고, 순수한 눈으로 바라본다는 것이다. 타인의 관점에서 자신을 해석하는 마음을 갖지 않는다는 얘기다. 시선을 꼭 눈으로만 생각하지 말아야 한다. 시선은 청중과의 거리가 멀어질수록 시선의 대상물은 그 범위가 넓어지는 것이다. 3미터 이상 떨어져서 바라볼 때는 청중의 넥타이를 봐도 상대방은 자신을 바라보는 것으로 인식한다. 그래서 수백 명 수천 명이 있을 때는 그룹화를 해서 본다. 그래도 청중은 자신을 바라보는 것으로 인식한다.

19. 시선 2

×××

아이컨택

사람의 눈은 "혀"만큼이나 많은 말을 할 때가 있다.

눈은 "바디랭귀지"보다 더 많은 표현을 할 때가 있다.

여기서 중요한 것은 시선을 "눈"으로만 한정 지을 필요는 없다는 것이다.

이제 "눈"을 시선으로 개념을 바꾸어서 생각을 해보자.

왜냐하면 시선이란 눈이 가는 길이다. 눈의 방향을 말하는 것이다. "눈"이라고 정확히 짚어서 말하지 않고 시선이라고 말하는 것은 꼭, "눈"이 시선은 아니기 때문이다.

연단에 올라가서 청중을 제대로 바라보지 못하는 연사가 있다.

시선에서 밀리면 생각에서 밀린다. 생각이 밀리면 말문이 막힌다.

눈을 보는 것이 제일 좋지만 부담스러워 차선책으로 다음과 같은 위치가 적당하다.

1미터 이내에서는 미간 부분을 보고, 3미터 정도 거리라면 얼굴 전체를 시선으로 보면 되고, 10미터 이상이라면 7~8명 정도가 한 그룹의 시선이 될 수 있다.

또한 청중석을 4등분, 6등분, 9등분 형태 혹은 상중하, 좌우, 앞뒤 등으로 그룹을 나누어서 시선 처리를 하는 것도 좋은 방법이다.

연사가 바라보는 시선이 청중은 자기 눈을 바라보는 것으로 느끼게 된다.

이것을 아우라 효과라고 한다. 연사가 실제 바라보는 사람이 멀리 있을수록 시야가 그 앞뒤 좌우로 넓어지는 현상을 말한다. 바라보는 시간은 2~3문장을 이야기하는 시간 정도가 적당하다. (단문으로 구성

되어 있을 때)

    연사가 청중을 바라보고 가장 먼저 취해야 하는 것은 미소다. 미소를 지은 다음 이야기하라. 시선 처리를 할 때 반드시 해야 하는 과정이다.

    연사가 어떤 표정을 지으며 바라보느냐에 따라서 청중도 그렇게 반응한다.

    무표정한 얼굴이나 차가운 눈빛으로 바라보면 상대방은 부정적인 감정을 느낀다. 이것을 맞대응 효과 즉, tit for tat이라고 한다.

    바라보는 눈빛은 꽃다발을 선사하는 마음으로 눈 맞춤을 하면 된다.

    일상생활에서도 다른 사람과 대화할 때 매일매일 눈 맞춤을 시도하고 연습해야 한다. 눈 맞춤이 익숙해질 때까지 꾸준히 연습해야 한다.

    마이클 엘스버그는 저서 [눈맞춤의 힘]에서 스피치 불안감 극복 방법의 하나인 체계적 둔감화 방법을 적용하여 눈 맞춤에 대한 두려움이나 불안감을 극복할 방법을 제시하였다. 그는 단계적으로 눈 맞춤을 연습해야 한다고 제안하고 있다.

    1단계는 친구나 가족과 의도적으로 오랜 시간 동안 눈맞춤 연습을 하고, 2단계는 거리에서 모르는 사람과 서너 걸음 정도의 시간 동안 눈맞춤을 연습하고, 3단계는 웨이터, 점원, 계산대 직원 등 모르는 사람과 좀 더 긴 시간 동안 눈 맞춤을 연습하고, 4단계는 친구나 가족, 동료 및 알고 지내는 사람과 대화를 나누면서 아주 오랫동안 눈맞춤을 연습하고, 5단계는 금방 만난 사람과 대화를 나누면서 아주 오랫동안 눈 맞춤을 연습하는 것이다.

20. 자세와 소리

×××

바른 자세와 자신의 목소리

자세는 그 사람의 됨됨이
신, 언, 서, 판 네 가지 중에서 가장 먼저 판단할 수 있다.

신체적 기술(자세)

자세는 영어로 폼(form)이다. 자세가 좋은 사람을 보면 "폼 좋다!"라고 한다.

세계 정상에 오른 사람들을 가만히 보라 하나같이 '자세'가 일품이다. 결국 자세에서 절묘한 기술이 나온다고 봐도 좋을 듯하다. 김연아는 빙판 위에서, 오바마는 연설대에서, 타이거 우즈는 필드에서 그들의 멋진 폼을 볼 수 있다.

연단에서 발표하는 사람은 일단 자세가 좋아야 한다. 자세는 그 사람의 품위이기도 하다. 청중 앞에 선 사람의 인품을 단번에 알아볼 수 있는 것은 그 사람의 자세다.

면접에서도 첫인상이 많은 영향을 끼친다. 모르는 사람을 판단 하는 데는 외연(外延)이 참 중요하다. 그래서 사람은 겉치장을 상당히 중요하게 생각한다. 그것은 보는 사람이나 보이는 사람이나 다 마찬가지다. 다시 말해 초두 효과다. 이렇다 보니 너도나도 외모에 신경을 쓰는 시대가 되었다.

외모 지상주의라는 말까지 생겼다. 강남 성형외과는 늦은 시간에도 불야성을 이루고 있다. 외모는 어제, 오늘 이야기가 아니다.

중국 당나라 때 관리를 선출하던 네 가지 표준이 신, 언, 서, 판이라는 순서를 봐도 알 수 있다. 신身 즉, 용모를 가장 먼저 보았다.

또 오랜만에 만난 사람과 인사할 때도 "신수가 훤하다"라는 말을 한다.

서 있는 자세, 앉아 있는 자세, 걸어가는 자세를 보면 그 사람의 건강 상태도 가늠할 수 있다.

이처럼 자세는 그 사람의 전체를 말한다.

특히 연단에서 발표하는 사람은 어떤 형태의 자세를 보여주느냐에 따라 믿음도 가고 신뢰도 간다. 서 있는 자세에서 첫 번째는 등이다. 등이 곧게 펴 있어야 한다.

등이 구부러져 있으면 가슴을 누르게 되고 깊은 소리의 맛을 낼 수 없다. 목에서만 나는 가랑가랑한 소리는 등을 구부렸기 때문이다. 연단에서는 애교 있고 예쁜 목소리는 어울리지 않는다.

경음이나 높은 소리를 장시간 듣고 있다고 생각해 보라. 잠깐은 괜찮을지 모르지만 듣고 있는 사람은 짜증스럽다. 중후하고 깊은 목소리가 오래 들어도 질리지 않는다.

다음의 그림은 자신의 등을 곧게 펴는 연습이다. 발뒤꿈치, 엉덩이, 어깨, 뒤통수를 벽에 바짝 달라붙게 만드는 자세가 기본이다. 처음에는 힘들지만, 습관이 되면 오히려 편하다.

21. 표정

×××

연사의 기본 표정 미소

||||||||||||||||||||||||||||||||||||||||||||||||||||||||||||||||||||||||||||||||||||||||||||||||||||||||||||||||||||||||||||||||||||||

자세가 언어 표현을 유발한다.
연사의 미소는 기본 중의 기본
내용과 표현은 일치하도록

무대에 등단하는 연사의 전체적인 이미지가 자세다. 청중에게 첫인상을 심어주는 아주 중요한 역할을 한다. 걸어 나가는 모습에 청중은 호기심을 갖게 된다. 그리고 연단에 서 있는 연사 표정에 청중 시선이 꽂힌다.

이때 가장 좋은 모습이 미소를 짓는 표정이다.

반가운 미소든 멋쩍은 미소든 얼굴에 미소를 짓는 것이다. 불안한 표정을 보여주면 청중 역시 초조해한다. 청중의 반응은 연사와 일치한다.

이것을 팃포탯(Tit for tat), 즉 맞대응 효과라고 한다.

내가 어떤 표정을 짓느냐에 따라 청중도 똑같이 반응한다. "이에는 이", "눈에는 눈"이라는 반응이다.

연단에 올라서서 내가 불안해하는 모습을 보여주면 청중도 같이 불안해한다.

이런 분위기를 억제하기 위해서 억지로라도 미소를 짓는 것이다.

그러면 청중은 연사의 모습을 보고 불안해할지 안심해도 되는지를 관찰하다가 연사 얼굴을 보고 판단한다.

그만큼 연사는 말하기 전까지 모습으로 청중이 공신력을 갖도록 만든다. 이제는 입을 열고 말을 해야 한다. 이때 말하는 내용과 표정은 일치해야 한다. 내가 지금 기쁜 일을 말하면서 표정은 어두운 표정을 하고 있으면 어떻게 될까?

언행 불일치 현상이 일어난 것이다. 청중은 어정쩡한 표정을 짓게 되고 스피치를 하는 연사는 청중의 분위기를 확인하면서 서서히 딜레

마에 빠지는 현상이 나타날 것이다.

그 뒤에 벌어지는 일은 상상에 맡기겠다.

스피치를 하는 연사는 감정표현과 내용이 일치할 수 있도록 준비해
야 한다.

22. 바디랭귀지

×××

손짓 몸짓

언어의 액세서리
명장의 지휘봉

"제스처는 명장의 지휘봉과 같고 말을 빛나게 하는 액세서리다."라는 말이 있다.

말을 돋보이게 하는 것이 제스처이기 때문이다.

사실 머리의 생각이 성숙해질 때만 제스처가 나오는 것은 아니다.

더 적극적인 대화가 필요할 때 제스처가 나온다.

말은 통하지 않아도 손짓, 몸짓은 통할 때가 있다. 외국 여행이나 상대방이 제대로 알아듣지 못했을 때 경험해 봤을 것이다.

제스처는 대화의 방향을 확실하게 제시해 주기 위해 동원된다. 이처럼 요긴하게 사용되는 제스처도 기술이 필요하다. 내용과 상관없이 계속 똑같은 제스처를 사용하면 진부함을 느낀다. 너무 빠르거나 가볍거나 하면 가치가 없어 보이고 진중하지 못하다. 가볍지도 빠르지도 않은 유연하고 여유 있는 제스처가 한껏 말의 맛을 돋보이게 한다. 그러기 위해서는 몸으로 익혀야 한다.

발의 움직임도 마찬가지다. 몸 전체가 자신이 전달하고자 하는 내용과 일치할 수 있는 손짓, 몸짓이 중요하다.

내용이 중후하면 몸도 움직임이 보이지 않을 정도로 항공모함처럼 서서히 움직여 줘야 한다. 가벼운 내용을 전달할 때는 발걸음도 가벼워야 되지 않겠는가?

표정이 내용과 일치하듯이 손짓, 몸짓, 발걸음도 내용과 일치하도록 노력해야 한다.

머리가 그렇게 해야 하는 것을 알고 있다고 몸이 바로 따라 하는 것은 아니다.

아는 것과 할 수 있는 영역은 별개의 영역이기 때문이다.

턱을 처들고 말을 하면 건방지게 보이고 턱을 너무 숙이면 자신이 없어 보인다.

그러나 약간 숙인 듯한 자세가 좋다. 이런 점을 염두에 두고 부단히 노력해야 하는 것은 사람들 앞에서 자연스럽게 발표하는 스피치도 마찬가지다.

23. 움직임(walking)

×××

신분을 나타내는 걸음걸이

좌측 이동, 과거 이야기
중앙 현재, 이야기
우측 미래, 이야기

사람들 앞에 서서 스피치할 경우 서 있는 위치를 이동하면서 말해야 할 때가 있다. 그런데 가만히 보면 아무 의미도 모르고 위치를 이동하는 연사들이 있다. 사실 이 워킹 부분은 연극 배우도 가장 어려워하는 연기력이다. 그 이유는 걸음걸이에 신분을 나타내기 때문이다. 걸음걸이(워킹)는 신분, 환경, 처지 등을 나타내는 역할을 하기 때문이다.

위치를 이동할 때는 좌측 이동, 우측 이동, 그리고 가운데 중앙, 이렇게 세 부분과 청중 앞으로 다가설 때, 뒤로 물러설 때 굉장히 동선이 다양하다.

우선 (청중이 바라볼 때) 좌측으로 이동하는 것은 지난 과거 이야기를 할 때다.

중앙은 현재의 이야기를 할 때, 그리고 미래를 제시할 때는 우측으로 이동하는 것이다. 왜냐하면 과거는 있었던 일을 이야기하기 때문에 사실적 부분이다.

우리 좌뇌는 과거 지향적이다. 있었던 사실이나 숫자 등을 계산하는 데 사용된다.

우뇌는 미래지향적이다. 있을 법한 것을 꾸며낼 수 있다. 번뜩임, 어떤 영감 같은 부분을 담당한다. 청중 앞으로 이동할 때는 항공모함처럼 움직여 다가간 것을 눈치채지 못할 정도의 움직임이 필요하다. 반면 뒤로 물러설 때는 오히려 다가섰을 때보다 빠르게 움직여 자기의 포지션으로 돌아온다.

이처럼 청중 관점에서 연사가 이야기 효과를 충분히 끌어 올리려면 이렇게 세심한 부분까지 신경을 써야 한다. 그래서 강사는 종합 아티스트가 되어야 한다. 각본서부터 스스로 감독역할까지 그리고 연기력까지 습득이 되었을 때 청중들에게 호감을 줄 수 있는 멋진 연사가 탄생하는 것이다.

24. 음성표현 1

×××

가장 아름다운 목소리

가슴을 올려 공명을 만들어라.
세상에서 가장 아름다운 목소리는 내 목소리다.
1/70억 분의 목소리

음성표현(목소리)

목소리는 첫인상에서 중요한 몫을 차지한다. "목소리 미인이 얼굴 미인보다 더 매력적이다"라는 말도 있다.

연단에서 말하는 직업을 가진 사람뿐만이 아니다. 상호 대화에서도 목소리는 그 사람의 이미지를 그려내는 데 중요한 역할을 한다. 또한 목소리는 그 사람이 살아온 여정을 나타내기도 한다. 그뿐만 아니라 성격, 그 사람의 환경 등 거의 모든 것들을 짐작하게 한다.

우리나라 사람들은 경음(후두근육을 긴장하거나 성문을 폐쇄하여 내는 음)의 소리를 많이 낸다. 다시 말하면 높고 탁한 음이많다.

건축 구조의 영향 때문이다. 초가지붕과 흙벽, 창호지 문을 이용한 건축 구조는 소리를 흡수하기 때문에 이와 같은 높은음을 내야 상대방이 제대로 알아듣기 때문이다.

"민수야 밥 먹어" 하고 엄마가 아이를 부를 때 고래고래 소리를 지르는 것은 이 때문이다. 서양은 건축 구조가 대부분 돌이다. 지형이 돌이 흔하기 때문이다.

구조가 단단한 건축 구조에서는 소리가 되돌아오기 때문에 울림이 있는 공명한 소리를 내게 된다. 단단한 벽으로 둘러싸인 공간에서 소리를 내보면 울려서 들리는 것을 경험해 본 적이 있을 것이다. 다시 말해서 경음은 혀끝이 발달하고, 공명한 소리는 혀 뒤가 발달한다. 중요한 것은 혀끝에서 나면 좀 싸구려 티가 난다는 얘기다.

그래서일까? 우리나라 사람 중에는 자신의 목소리를 스스로 아름

답다고 생각하는 사람은 별로 많지 않은 편이다. 또 자신의 목소리를 녹음해서 들어보면 다른 사람 목소리를 듣는 것처럼 상당히 낯설어한다. 자신의 목소리를 객관화해서 들어본 적이 별로 없기 때문이다.

목소리는 사람마다 다 다르다. 손가락 지문이 다르듯 똑같은 목소리를 가진 사람은 없다. 세계 인구가 70억이라면 자신의 목소리는 1/70억이다.

우린 이렇게 아주 특별하고 고귀한 목소리를 하나씩 가지고 있다.

자신의 목소리에 자부심을 가져라! 세상에 단 하나밖에 없는 목소리다.

25. 음성표현 2

×××

목소리는 꼴(외형)보다 얼(내면의 소리)

목소리는 꼴(외형)보다 얼(내면의 소리)이다.
풍부한 억양(고, 저, 장, 단, 강, 약)
자신의 목소리를 사랑하라.

음성표현(목소리 2)

목소리는 겉으로 들리는 모양도 중요하지만, 소리의 맥락을 통해 들어있는 감정이나 의미가 더 중요하다.

"사랑한다"는 언어 속에 아무런 감정이 없는 문자를 보고 감동하는 사람은 없다.

분명, 앞뒤 맥락 속에 어떤 의미를 나타내는 부연 설명이 있거나 억양에 느낌이 실려야 진정한 의미를 파악한다.

가끔 걸려 오는 전화에서 "사랑합니다. 고객님"이라며 아주 다정한 듯한 목소리를 들어본 적이 있을 것이다. 이런 상투적인 말을 듣고 고마워하고 감동하는 일은 없을 것이다. 그걸 뻔히 알면서도 계속 그렇게 교육을 시키는 기업도 웃기는 일이다. 이처럼 목소리 안에 진정한 의미가 담겨있는 말이 아니면 흘려들을 수밖에 없다. 같은 언어도 어떠한 의미가 있느냐에 따라 잡음이 될 수도 있고 생명의 소리도 될 수 있다.

나는 어렸을 때 "별이 빛나는 밤에"라는 라디오 프로그램을 즐겨 들었다.

방송국에 내로라하는 목소리 DJ들이 마이크를 잡았다. 얼마 전에는 코미디언 박○○이라는 여성이 프로그램을 진행했다. 놀라운 일은 역대 어느 DJ보다 가장 높은 청취율을 보였다. 그분 목소리는 쉰 듯한 목소리다. 그럼에도 높은 청취율은 어떤 의미일까? 그것은 목소리 생김새보다 진정한 마음이 담겨있는 의미가 더 중요하다는 뜻이다.

현관문 도어록은 대부분 번호 키 또는 열이나 지문을 사용하는 감지기로 되어있다.

앞으로는 목소리로 문을 여는 센서도 나온다. "열려라, 참깨" 하면 문이 열리는 마술 같은 시대가 도래했다는 얘기다. 이런 일이 가능한 것은 지문이 다르듯 사람들의 목소리는 모두 다르므로 가능한 일이다. 자신의 목소리를 소중하게 생각하라. 세상에 단 하나밖에 없는 귀중한 재산이다.

문자는 그 자체만 놓고 보면 생명이 없는 사어다. 생어가 되기 위해서는 의미나 감정이 함께해야 살아있는 언어가 된다. 책 읽듯이 말하는 것을 듣고 감동을 하는 사람은 없다. 말하는 사람의 감정이 풍부하게 실려 있어야 듣는 상대방도 감정이입이 되어 듣는다. 감정이 통한다는 것은 마음을 만날 수 있는 통로가 생겼다는 것이다.

감정이 살아있는 목소리, 억양과 강조, 크기를 잘 나타내야 전달력에 매력을 느껴 귀를 기울인다는 것을 명심해야 한다.

26. 내용 표현

×××

추론의 힘

논리는 추론의 힘이다.
논리는 객관적 근거가 필요하다.

논리적으로 말을 잘하는 사람이 있다. 논리는 '그럴 것이다'라는 추론이다.

다소 위험은 내포하고 있지만 결정할 수 있는 문제의 답을 찾아가는 데 유용한 해결 방법이다.

논리는 추론의 힘을 빌리기 때문에 정확한 결과를 도출해 내는 것은 아니다. 근거에 가깝게 접근하기 위해서 한 단계 건너뛰어 생각하는 방법이다.

논리적 사고는 어떤 일을 결정하거나 시도할 때 확신을 주기 때문에 엄청난 위력을 발휘한다.

이순신 장군의 명량 해전 같은 위대한 전략적 업적은 추론으로 창의적 사고로 얻어진 결과물로도 볼 수 있지 않을까.(순전히 내 생각)

왜군은 사무라이 전통으로 '검'을 쓰는 실력이 뛰어나 주로 육지 전에서 강하다. 우리 민족은 육지 전보다는 넓은 공간을 활용하는 기마전에 강하다.

우린 창이나 활을 써서 싸우는 기술이 발달돼 있고 왜군은 백병전에 능하다.

거북선도 왜군이 배에 접근할 때 백병전을 막고자 했던 전략적 함대였다.

지붕이 통째로 덮여 있는 함대는 적이 바짝 접근했을 때 유리하게 작용한다. 적이 근접해 오더라도 배 위로 오를 수도 없지만 올라서 봤자 쇠창살이 꽂혀있어 벌집이 되는 것은 뻔한 이치다.

이러한 위대한 전략적 함대도 추론으로 치밀하게 만들어진 것이다.

추론은 가설을 세우는 능력이다. 적중률이 백 퍼센트 보장은 안 되지만 여러 가지 논리적인 사고의 확장을 통해 추론은 경우의 수를 동원해 만반의 준비를 하는 가설적 기술이다.

추론적 근거는 여러 가지 데이터를 통해 얻어지는 결과물이기 때문에 자료수집에 최선을 다하므로 기대했던 성과 이상이 되는 것이다.

커다란 업적을 남긴 위대한 인물들의 특징은 추론에 대한 습관적 행위가 몸에 배어 있는지도 모른다.

추론은 우리가 흔히 사용하는 대화에서 문제 제기의 결과에 대한 해결책을 모색하는 데 유용하게 사용하고 있다. 추론에 의한 논리는 우리의 사고 영역을 확장하고 분류하는 능력뿐만 아니라 예측하고 독창성을 발휘하는 데 엄청난 힘을 발휘하게 되는 것이다.

27. 스토리텔링

×××

이야기 구성

사람들은 이야기를 좋아한다.
이야기는 대부분 역사적 사건이다.
대중화술은 알기 쉽게 말하는 것이다.

예전에는 이야기책을 전문적으로 읽어주던 전기수가 있었다. 전기수는 인기 있는 소설 한 권을 사람들에게 이야기해 주는 직업이다. 이야기가 극에 달했을 때 이야기를 잠시 멈춘 후 돈을 받고 다시 이야기를 전개했다. 전기수의 이야기를 듣던 중 청중 한 사람이 전기수를 살해하는 일이 발생했다. 그 사람은 전기수의 이야기에 너무 몰입한 나머지 영웅이 억울하게 죽자, 그 영웅을 대신해 복수하기 위해 이와 같은 일을 저질렀다.

이 내용은 "조선왕조실록"에 기록되어 있으며 이야기가 얼마나 무서운 힘을 가졌는지를 보여주는 사례라고 할 수 있다. 우리가 여기서 주목해야 할 점은 전기수가 어떻게 이야기를 몰입시켰는가?이다. 그는 책을 읽어주는 것이 아니라 책 한 권을 모두 외워 버렸다. 그는 이미 이야기가 어떻게 전개될지 알고 있었다. 이런 이유로 청중들을 완전히 몰입시킬 수 있었다. (스토리텔링 프레지 이도원 저)

사람들은 이야기 듣는 것을 좋아한다. 그렇다고 아무 이야기나 다 듣고 싶어 하는 것은 아니다. 스토리 있는 이야기를 듣고 싶어 한다.

연극이나 영화를 보는 것도 스토리가 있기 때문이다. 일정한 줄거리가 있는 이야기는 생각에 빠져들게 하는 힘을 가지고 있다.

학문 서적이나 전문 서적은 압축된 언어이기 때문에 독자가 풀어서 생각해야 한다. 이러한 번거로움이 있기 때문에 '빠져든다'보다는 '이해하기 위해 노력한다'는 말이 맞는다. 같은 말을 해도 청중의 몰입도는 엄청난 차이를 보인다.

이야기는 쉬워야 재미도 있고 이해도 잘 된다. 어려운 이야기를 어렵게밖에 못 하면 이류 강사다. 그런가 하면 쉬운 말도 어렵게 하는 사람이 있다. 이건 삼류다.

어려운 말도 쉽게 하는 사람이 일류 강사다.

현대는 대중화 시대다. 모든 사람이 공유할 수 있는 내용이 좋은 반응을 받는다.

가만히 보라. 대중 문학, 대중음악, 대중화술 등, 대중이라는 말이 들어가는 것은 모든 사람이 함께 이해, 공감, 납득이 가게끔 쉽게 되어있다.

대학교에는 적어도 한두 명쯤 명교수 소리를 듣는 교수들이 있다.

그분들은 알아듣기 쉽게 말하는 공통점을 가지고 있다. 그렇다면 어떻게 말해야 쉬울까? 스토리텔링이다. 즉, 이야기 형식이다. 줄거리가 있어야 한다. 드라마나 연극은 전체 줄거리 세부 줄거리로 구성되어 있다.

28. 연단의 두려움

×××

긴장과 흥분

긴장될 때 깊은 호흡으로 충분한 산소를 마셔라!
긴장되고 떨리는 상태를 인정하고 수용하라!

연단의 두려움 극복 비결

연단에서 느끼는 두려움은 여러 형태로 나타난다. 심장박동이 급속히 빨라지고 가쁜 숨을 몰아쉬게 된다. 또는 얼굴이 뻘게지는 적면공포가 오는가 하면 식은땀이 나기도 하고 손이나 발이 떨리는 현상까지도 일어나는 경우가 있다.

왜 나왔지? 하고 후회가 될 때도 있다.

스피치에서 정수론과 부수론이라는 말이 있다.

"아하, 사람들 앞에 서면 다 이런 건가 봐!"라며 그 상태를 그대로 인정하고 수용하는 자세를 정수론이라 하고, "왜 이렇게 떨리는 거지? 내게 무슨 문제가 있는 거야!" 하며 부정하고 수용하지 못하는 것을 부수론이라고 한다.

지금 이 글을 읽고 있는 독자께서는 정수론인가 부수론인가?

우리 몸은 우리를 스스로 돕게 되어있다. 몸의 질서와 자연의 질서가 일치될 때의 이야기다. 중요한 상황이 일어났을 때 긴장하거나 흥분하는 것은 당연한 것 아닌가? 평소보다 몇 배의 에너지가 필요할 것이다. 내 몸에 에너지가 극도로 필요한 상태가 되는 것이다. 이럴 때일수록 당황하지 말고 자연의 에너지를 활용하는 것이다. 긴장하거나 흥분하면 심장박동이 빨라지고 숨이 가빠진다. 내 몸이 신호를 보내는 것이다. 많은 양의 산소가 필요하다는 신호다. 이때 깊은 호흡으로 산소를 충분히 들어 마시는 동작을 반복해 준다. 그러면 비록 다른 것은 안 바뀌었을지라도 정신만은 또렷해진다. 똑같이 떨리고 긴장은 되지만 정신은 충분한 산소의 공급으로 백지 현상이 나타나는 것을 미연에 방지할 수 있다는 이야기다.

즉, 떨리고 긴장은 되지만 이야기는 막히지 않고 나오게 되는 것이다. 활용해 보기 바란다. 많은 도움이 될 것이다.

29. 스피치의 키

×××

비성과 두성 조화

노래를 부를 때와 스피치를 할 때의 키가 다르다.
스피치는 환경이나 분위기에 따라 키를 맞추는 것이다.

비성과 두성

성악을 배우다 보면 비성과 두성이라는 소리를 자주 듣게 된다.

비성은 코와 입 언저리를 통해서 소리를 내는 것이며 두성은 입 뒤 즉, 머리 뒤쪽에서 소리를 내도록 하는 것이다.

비성이 급하고 빠른 소리라면 두성은 혀 뒤쪽에서 나는 중후한 소리로 보면 된다.

중후한 소리는 머리 뒤쪽의 울림이 필요하고 비성은 입과 코 사이에서 내는 밝은소리이다. 말을 하거나 노래할 때 비성과 두성을 사용하게 되는데 어느 쪽이 발달했느냐에 따라서 소리의 이미지가 달라진다.

일반적으로 중후한 소리는 호감 가는 소리로 평가되지만, 성악의 세계에서는 비성을 더 고급 발음으로 인정한다. 다시 말해 두성이 100이라면 비성을 200으로 내는 것이 좋다는 말이다. 그래서 비성을 내기 위해서 힘을 써야 한다.

비성은 보통 테너 정도의 소리로 보면 되고 두성은 베이스 정도로 보면 된다.

스피치를 할 때는 비성과 두성을 조화롭게 사용하는 것이 좋다.

스피치에서는 비성이나 두성을 소리로 인식하지 말고 느낌이나 분위기로 받아들이는 것이 좋겠다. 다시 말해 처음 시작할 때의 스피치는 비성에 해당하는, 즉 가벼운 이야기나 유머러스한 이야기가 좋다. 분위기가 고조되고 청중의 집중력을 확보하면 그때 두성, 즉, 중후한 감동적 이야기로 끌어가면 좋은 결과를 얻을 수 있다.

스피치는 시작할 때 소리의 키를 잡아야 한다. 분위기나 환경, 그리고 내가 어떤 이야기를 전개해 나갈 것인지에 따라서 목소리의 키가 달라질 수 있다. 예를 들면 분위기가 화기애애한 현장이라면 비성에 가까운 높은음과 경쾌하고 가벼운 소리가 좋을 것이다. 반면 뭔가 신중한 이야기를 해야 하는 상황이면 두성인 중저음이 분위기에 맞을 것이다. 이처럼 그때마다 소리의 키는 달라지는 것이다.

노래를 부를 때는 자신의 키가 정해져 있지만 스피치할 때는 환경이나 분위기마다 다르다는 것을 알아야 한다.

결국 상황에 따라서 비성과 두성을 자유자재로 사용하는 것이 노련한 연사다.

PART III.

실전 편
[적용 단계]

30. 연단의 자세

×××

등단, 연단, 하단

가장 편한 자세를 취하고 있나?

자신의 목소리는 세상에서 단 하나밖에 없는 가장 소중한 목소리인 것을 스스로 인정하는가?

시선은 아우라를 지녔는가? 레이저 광선처럼 쭉 뻗어나가고 있는가?

자! 그렇다면 이제 시작이다.

먼저 등단하라! 걸어 올라가는 과정이다.

연단에 올라선 다음 청중을 향해 인사하라!

우레와 같은 박수 소리는 당신의 이야기를 들을 준비가 되어있다는 것이다.

정중한 인사를 하라! 정중한 인사는 허리를 45도 구부리는 것이다.

허리를 펼 때 깊게 숨을 들이마시라.

정신이 맑아질 것이다. 그리고 자신에 위치로 여유 있게 이동하라!

심장박동이 빨라질 것이다. 중요한 사항이라는 것을 몸이 먼저 알아차린 것이다.

호흡이 가빠질 것이다. 그러면 말이 빨라진다. 이때 속도를 늦추는 방법이 있다. 두 가지이다.

하나는 목소리를 키우는 것이다. 목소리 크기와 속도는 반비례한다. 목소리가 커지면 속도는 느려질 수밖에 없다.

두 번째는 제스처, 몸동작을 사용하는 것이다. 언어는 몸동작을 따라갈 수밖에 없다. 말은 빠른데 몸동작은 느려진다? 있을 수 없는 일이다.

서두르지 마라! 그러면 숨이 더 가빠질 것이다. 여유를 갖고 침착하려고 노력하라.

이제 말을 시작하라. 사진을 찍으려면 카메라 렌즈의 뚜껑을 열어야 하듯 말을 하려면 입을 열어야 한다. 중요한 것은 첫마디의 키를 잘 잡아야 한다.

목소리의 키는 환경이나 분위기에 맞게 선택해야 한다.

즐거운 분위기면 약간 들뜬 소리가 키다. 엄숙한 자리면 중후한 목소리가 키다.

목소리 키는 노래 키처럼 일관되지 않는다. 분위기, 환경에 따라 달라질 수밖에 없다.

그리고 청중이 가장 먼저 당신을 평가하는 것은 외모와 이미지다. 들어볼까 말까. 이때 판단되는 것이다. 이미지가 비호감이면 내용도 그렇지 않겠느냐는 생각을 갖게 된다. 이제 당신은 보는 사람이 아니라 보이는 사람이 된 것이다. 보기가 좋은 떡이 맛도 있다는 속담이 있다. 자세와 태도를 당당하게 하라.

말을 마치고 내려오는 과정을 하단이라고 한다.

뒤로 반발 정도 물러나서 청중한테 인사를 한다. 뒤로 약간 물러서는 것은 앞에 놓여있는 마이크와 충돌할까봐 그런 것이다. 옆으로 나와서 인사를 하게 되면 물론 그럴 필요는 없다.

연단에서 내려와 자리로 돌아갈 때까지 자세가 흐트러지지 않고 당당하게 내려서라. 설사 두서없이 말했어도 그런 표정을 지으면 곤란하다.

당신이 생각하는 것과 청중이 생각하는 것은 다르기 때문이다. 말은 글하고 다르다.

각자의 상상력이 동원되었기 때문에 당신의 발표 내용은 당신이 생각한 것보다 훨씬 훌륭하게 전달되기 때문이다.

자리로 돌아왔으면 좌불안석하지 말고 점잖게 앉아 있어야 한다.

어떤 연사는 자신의 옆자리에 앉아 있는 친구에게 바로 피드백을 받으려고 채근하고 물어본다. 청중은 당신의 말에 아직도 여운이 남아있다. 말한 내용과 함께 당신을 계속 주시하고 있다는 것을 잊지 말아야 한다. 가만히 앉아 있든가 아니면 조용히 화장실을 갔다 오는 것이 훨씬 좋은 자세다.

31. 자기소개

×××

1분 드라마

스피치는 자기소개서부터 시작된다.

또 낯선 곳에 초대받아 가면 대부분 자기소개를 하게 된다.

어쩌면 가장 많이 하는 스피치인지도 모른다.

자기소개는 본인이 어떤 사람인지 간략히 소개하는 동시에 호감을 받을 수 있게 하는 것이 좋다. 첫인상이 중요하다는 것은 다 알고 있다. 자기소개는 첫인상을 강력하게 심어주는 시간이다. 1분~1분 30초 동안 펼쳐지는 1인 드라마다.

자리에서 일어서서 하거나, 또는 마련된 자리로 나와 마주 보고 하는 경우가 있다.

자기소개는 자기와 관련된 이야기를 하는 것이다.

많은 사람이 직장 위주로 소개하는 경우가 많다. 무엇을 하는 사람인지보다 어떤 사람인가가 더 중요하지 않겠나?

자기를 소개하는 키워드는 얼마든지 있다. 그러나 다 할 수도 없는 것이다.

너무 많이 하면 자기소개가 아니라 자기 자랑이 될 것이다.

자기소개는 개성이나 인품 등 인간 됨됨이가 전해졌다면 성공적인 자기소개라고 할 수 있다.

인사를 먼저 하라.

안녕하세요. 반갑습니다! ○○○입니다.

본인에 대한 한~두 가지만 말하라.

저에 대해서 간단히 말씀드리자면 저는 대학교 졸업반이고 취직하기 위해 면접 준비를 하고 있는 취준생이기도 합니다.

이곳에 참석하게 된 동기를 말하라.

제가 이곳에 오게 된 동기는 저의 문제점을 해결하고 싶어서입니다. 저는 낯선 곳에 가면 낯가림을 많이 하는 편입니다. 그러다 보니 말끝이 흐려지고 자신감 없는 태도를 보입니다. 이런 문제들을 개선하려고 합니다. 부족한 부분이 있더라도 잘 부탁드립니다. 감사합니다.

자기소개란 장소에 따라서 달라지기 때문에 하나의 방법만 있는 것은 아니다.

장소에 맞는 콘셉트를 찾는 것이다.

예를 들면, 하는 일, 사는 곳, 미래의 목표 등 이런 식으로 자기소개도 가능하겠지만, 크게 일관된 범위에서 벗어나지 않는 방법이라 자칫식상할 수도 있으므로 조금 더 개성 있게 하도록 주의를 기울여 보자

짧은 시간에 자기를 어필하는 1인이 하는 극적인 1분 드라마라고 생각하자.

-
그 외 자기소개 키워드:
오늘의 뉴스, 사건, 화젯거리, 날씨, 계절, 사소한 일,
거리에서 본 풍경
-

32. 한 말씀 인사말

×××

즉흥 스피치

한 말씀 인사말

아무 생각 없이 멍하고 있는데 갑자기 주옥같은 한 말씀 부탁드립니다. 하고 마이크를 들이대면 당황하지 않을 재간이 없다. 사양할 수도 없는 일 아닌가?

당연히 한 말씀 정도는 즉석에서도 할 수 있는 능력이 있다고 생각한다. 상대방이 생각해서 한 행동인데 난색을 표명하고 거절하기도 참 난감하다.

갑자기 한 말씀이나 자기소개를 한다는 것은 부담으로 작용할 수밖에 없다. 경험이 풍부한 사람도 부담이 갈 판인데 보통 일반인이면 여간 난처한 처지가 아닐 것이다. 이럴 때 임기응변이 필요하지 않을까?

상황을 판단하고 일단 가장 지위가 높다고 생각하는 사람부터 시작하는 것이다.

그다음 차례 순으로 직책이나 이름을 부르며 이야기한다.

- **이런 자리를 마련해주신 수장에게 감사 인사를 표한다.**
  (회장, 사장, 대표, 리더) 시선을 맞추고 이름이나 직위를 불러 주면서 시작한다.
1. 소중한 자리를 마련해주신 (따뜻한, 뜨거운, 열정적인) ○○○ 회장님의 리더십에 진심으로 감사 인사를 드립니다.

- **모두 참여할 수 있도록 큰 힘을 써주신 사무국장님께 감사를 표한다.**

2. 여러 회원님이 참석할 수 있도록 한 분, 한 분 연락해서 참여할 수 있도록 애쓰신 사무국장님 수고하셨습니다.

· 회원 모두에게 참여 감사 인사를 드린다.

3. 아주 바쁘신 가운데임에도 불구하고 귀한 시간 내주신 회원 여러분, 진심으로 감사드립니다.

· 모임에 참석한 전체를 아울러 칭찬하는 한마디를 한다.

4. 오늘 쉽지 않은 발걸음인데 기꺼이 시간을 내서서 오신 여러분께 진심 어린 마음을 느낍니다.
모처럼 모인 이 자리 큰 감사함을 느끼면서 행복한 시간이 되었으면 좋겠습니다. 이상합니다.

1, 2, 3, 4, 단계 임기응변 구조법으로 상황을 순발력 있게 대처해 나간다.

33. 건배 제의 스피치

×××

건배 구호 요령

해마다 연말연시가 되면 크고 작은 회식 자리가 마련된다.

한 해를 보내는 아쉬움과 새해를 맞이하는 설렘 속에 각자가 자신들의 희로애락을 표현하고 싶어진다. 이때 빼놓을 수 없는 스피치가 건배 제의다.

건배 제의 요령은 다음과 같이 준비해 두자.

1. 주최자나 건배 제의를 부탁한 이에게 감사를 먼저 표한다.
2. 잔이나 컵에 술이나 음료를 채우게 한다.
3. 꼭 하고 싶은 한마디를 한다. 30초 정도가 좋다.
4. 건배 구호요령을 알려준다.
5. 건배 제창을 한다.

사례:

1. 저에게 건배 제의 기회를 주신 ○○○ 님께 감사드립니다.
2. 여러분 앞에 놓은 잔에 술이나 음료를 가득 채워주시기를 바랍니다.
3. 지금 여러분 앞에 놓은 음식은 얼마든지 돈 주고 살 수 있습니다. 그러나 돈을 주고 살 수 없는 것이 있습니다. 우리의 우정입니다.
4. 그런 의미에서 건배 구호를 "변치 않는 우정"으로 하겠습니다. 제가 먼저 "변치 않는"이라고 하면 여러분은 "우정"이라고 외쳐주십시오.
5. 잔을 눈썹 위로 높게 들어주십시오. 다들 준비되셨죠?
   그러면 외치겠습니다. "변치 않는" / "우정"~ 네. 감사합니다.

스피치는 즉석에서 이루어지는 것이 대부분이다. 그러나 아무런 준비 없이 상황에 노출되면 당황하게 된다. 항상 준비하는 자세가 필요하다.

오늘 모임이나 회식 자리에 초대되어 가면서 아무 생각 없이 허겁지겁 간다면 즐거운 자리가 서글픈 자리로 바뀌는 경우가 많으니 꼭 준비하는 자세를 갖도록 하자.

즉흥 스피치란 준비해 두었다가 즉석에서 하는 것이지 막연하게 있다가 갑자기 하는 것이 아니라는 것을 기억하라!

34. 상대방 소개 스피치

×××

경청의 중요성

상대방 소개를 잘하기 위해서는 소개할 사람의 성격이나 특징 같은 것을 면밀히 파악할 필요가 있다. 특히 상대방에 대한 비전이나 목적 장단점 같은 것을 파악해 두었다가 적절하게 사용하면 좋다.

[여흥 장소에서 즉흥적 상대방 소개하기 스피치]
별명: 맷돌
좋아하는 색: 청색
좋아하는 음식: 불고기
좌우명: 착하게 살자

몇 가지 예를 들어보면 일반적으로 공유할 수 있는 상식적 키워드이다. 듣는 청중은 즐거운 마음으로 자신과 비교하면서 경청할 것이다.

청중과의 커뮤니케이션은 함께 공유할 수 있는 내용을 가지고 소개하는 것이 훨씬 즐거움을 줄 수 있다.

상대방 소개가 익숙해지면 모임이나 단체 또는 직장에서도 사회 보는 요령이 생긴다.

주로 즉석에서 이루어지는 즉흥적 상대방 소개는 큰 문제가 아니며 고민하지 않아도 누구든지 쉽게 진행할 수 있는 방법이다.

사례: 제가 아주 멋진 분을 여러분에게 소개해 드리겠습니다.

이분의 별명은 맷돌입니다. 가끔 어처구니없는 짓을 잘한다네요.^^

이분께 또 물어봤습니다. 좋아하는 색깔과 음식이 뭐냐고요. 좋아하는 색깔은 청색을 좋아한답니다. 그 이유는 젊음의 상징성이기 때문이랍니다. 나이를 먹었나 봅니다.

좋아하는 음식으로는 불고기를 좋아하는데, 육류를 즐겨 먹는 식성을 가지고 있고 특히 불고기 육수를 흰 쌀밥에 비벼 먹으면 그 맛이 일품이랍니다.

이분의 좌우명은 "착하게 살자!"입니다. 평소에 착한 짓을 해보지 않아서 이제라도 착하게 살아야 복을 받겠구나! 하는 생각이 들어서 그랬답니다.

지금까지 김○○을 소개해 드렸습니다. 감사합니다.

-

상대방에 대한 특징적 키워드 몇 가지를 준비해 둔다.

-

35. 사회 보기

×××

멘트 실습

[시작 멘트]

1. 인사 및 자기소개
2. 청중에 대한 감사 인사
3. 행사 간략 소개
4. 연사 프로필
5. 연사 호명

[마무리 멘트]

1. 청중을 대신해서 연사에게 감사 인사
2. 강의 내용에서 중요한 핵심 문장 언급
3. 박수 유도

사회자는 그날 행사장의 꽃이다. 외모, 복장 등 이미지 연출도 중요하지만, 어떤 목적으로 행사장의 분위기를 끌고 갈 것인가를 먼저 고민해 봐야 한다.

그리고 출연하는 한분 한분의 특징과 개성, 어필할 것들을 꼼꼼하게 챙겨서 준비해야 한다. 그냥 이름을 불러내고 소개만 하면 프로 사회자가 아니다.

1~3까지는 처음 시작할 때만 하는 멘트다.

시작 멘트는 보통 날씨나 계절 등의 이야기를 한다.

[시작]

1단계: 안녕하세요. 반갑습니다. 저는 오늘 사회 진행을 맡은 ○○○ 입니다.

오늘은 아침부터 하루 종일 비가 옵니다. 3월의 비는 희망을 실어 나르는 기쁨의 전령사라고도 합니다.

2단계: 그런데도 우중을 뚫고 기꺼이 참석해 주신 여러분 때문에 오늘 이 자리는 더욱 빛을 낼 것입니다.

3단계: 오늘 세미나의 첫 번째 주제는 행복입니다.

하루, 한 주일, 한 달, 1년, 아니 평생이 행복해지려면 어떻게 해야 하는지 오늘 그 해답을 알려 주실 분입니다.

4단계: 대한민국 최고의 행복학 강사이시며 한국 대학교 교수님이십니다. "행복은 내 안에 있다"라는 저서를 출간하시고 100만 부 판매로 베스트셀러가 되었습니다. 오늘 나오실 때 힘찬 박수 부탁드립니다.

5단계: (1~2초 멈추었다가) ○○○님을 모시겠습니다. 큰 박수 부탁드립니다.

사회자의 목소리는 부드러우면서 역동적이고 힘찬 목소리가 요구된다.

중간중간 사회자의 애드리브는 진행에 액세서리다. 재치있게 그때그때 상황을 잘 읽어야 한다. 그러나 그렇게 생각보다 걱정은 안 해도된다. 왜냐하면 사회자에게는 연사가 자신의 공연을 마치고 내려올때까지 충분한 시간을 확보하고 있기 때문이다. 그때 상황을 파악하고 얼른 다음 멘트를 준비하면 된다. 다시 말해서 현장 상황 파악에 눈이 밝아야 한다.

[마무리]

1단계: 지금까지 ○○○ 교수님께서 행복이란 주제로 특강을 해 주셨습니다. 청중을 대신해서 다시 한번 감사드립니다.

2단계: "평생 행복해지는 비결은 스피치 훈련을 통해서 말짱이 되는 것"이라는 말씀! 우리들 마음속에 깊이 새기겠습니다.

3단계: 여러분을 위해서 먼 길도 마다하지 않고 달려오셔서 열강을 해주신 ○○○ 교수님께 다시 한번 우레와 같은 박수 부탁합니다.

4단계: 여러분과 함께 즐거운 시간! 너무 행복했습니다.
지금까지 사회 진행을 맡았던 ○○○이었습니다. 안녕히 돌아가십시오. 감사합니다.

-

사회자는 행사장의 꽃
출연자의 신상 파악, 중간중간 애드리브

-

36. 결혼 덕담 1

×××

신부 측 덕담

1. 하객에 대한 감사 인사
2. 지금의 심정
3. 딸아이에게
4. 사위에게
5. 사돈댁에게 감사 인사
6. 바람, 당부
7. 하객에게 끝인사

1. 하객에 대한 감사 인사

신부 아버지 되는 ○○○입니다.

바쁘신데도 불구하고 결혼식에 참석해 주신 여러분께 진심으로 감사드립니다.

2. 지금의 심정

오늘은 참으로 기쁘고 행복한 날인데 왜 이렇게 마음이 허전해지는지 모르겠네요.

딸아이의 성숙하고 예쁜 모습을 보니 안심은 되는데 한편으로는 마음이 놓이지 않습니다. 자식 보내는 부모 마음은 다 마찬가지일 겁니다.

잘되기를 바라는 마음이야 더할 나위도 없지만 그렇게 바라기보다는 어려운 역경이 닥칠 때 슬기롭게 해결할 줄 알아야 한다는 생각이 듭니다.

3. 딸아이에게 한마디

결혼이란 만인을 포기하고 한 사람을 선택하는 용기란다.

부디 저와 여러분의 바람대로 금실 좋은 부부관계뿐만 아니라 행복한 가정을 만들고 건강한 사회를 만들 수 있는 부부가 되었으면 한다.

4. 사위에게 한마디

천복 중의 하나가 만남이란 말이 있다네. 멋지고 든든한 사위를 맞게 된 것 또한 그런 복이라 생각되네. 만남보다 더 중요한 것은 사랑이라네.

사랑은 '말을 할 수 있음', 사랑은' 말을 하고 싶음'이라고 하지.

문제가 있거나 없거나 항상 서로 대화가 되는 부부가 되기를 바라네.

5. 사돈댁에게 감사 인사

특별히 사돈댁에 감사드리고 싶습니다.

성숙하게 성장한 아들 결혼식 준비하느라고 얼마나 고생이 많으셨습니까?

애들이 자식 낳고 키우다 보면 부모로서 아직은 미숙한 모습들도 많이 보게 될 겁니다. 그럴 때 양쪽 집에서 성숙한 부모가 될 수 있도록 함께 노력했으면 좋겠습니다.

6. 바람, 당부

오늘 나는 부모로서 너희 부부의 건강과 행복을 소원하고 기도한다.

둘이 합심하여 훌륭한 가정을 이루고 사는 부부가 되길 바라며 잘 살아주길 바란다.

7. 하객에게 끝인사

이 자리에 참석해 주신 하객 여러분께

다시 한번 깊은 감사의 마음을 전합니다. 감사합니다.

\-

지나친 격식은 금물,

잘하려는 마음보다

진정성 있는 마음을 전달하는 것이 덕담이다.

\-

37. 결혼 덕담 2

×××

신랑 측 덕담

1. 하객에 대한 감사 인사
2. 지금의 심정
3. 아들에게
4. 며느리에게
5. 사돈댁에게 감사 인사
6. 바람, 당부
7. 하객에게 끝인사

1. 하객에 대한 감사 인사

안녕하십니까. 신랑 아버지 되는 ○○○입니다.

바쁘신데도 불구하고 저희 아들 결혼식에 참석해 주신 여러분께 진심으로 감사드립니다.

2. 지금의 심정

우리 아들이 이렇게 예쁘고 지혜로운 아내를 맞이하게 된 것 또한 우연이 아니라 필연이라고 생각됩니다. 아버지로서 아들이 자랑스럽고 든든한 마음이 듭니다.

3. 아들에게 한마디

앞으로 둘이 크게 욕심부리지 말고 항상 서로를 아껴주면서 평생 행복하게 잘 살아주길 바란다.

4. 며느리에게 한마디

좋을 때가 있거나 어려울 때가 있거나 서로가 의지하고 힘을 합하여 슬기롭게 헤쳐 나가길 당부한다.

5. 사돈댁에게 감사 인사

예쁘고 지혜로운 며느리를 맞이하게 해주신 사돈댁에게 진심으로 감사드립니다.

저렇게 훌륭히 키우시느라 정말 애쓰셨습니다. 그 정성을 이어받아 내 딸처럼 잘 지켜볼 테니 편한 마음 가지시길 바랍니다.

6. 바람, 당부

아들 며느리에게 당부한다. 나는 부모 된 도리로서 내 인생이 다할 때까지 너희 부부의 건강과 행복을 소원하고 기도한다. 둘이 합심하여 행복한 가정, 훌륭한 부모가 되기를 바라며 잘 살아주길 바란다.

7. 하객에게 끝인사

이 자리에 참석해 주신 하객 여러분, 다시 한번 깊이 감사드립니다.

-

**하객 인사, 지금의 심정, 아들, 딸에게 한마디, 바람, 당부
사돈댁에게 감사 인사**

-

38. 수상과 수여식

×××

선물 주기

1. 수상 설명
2. 수상자 업적
3. 호의 표시
4. 선물 증정

수상 설명: 오늘 이렇게 좋은 분위기에서 수업을 통해 우리에게 배움을 주신 교수님께 고마움을 표시하는 자리입니다.

수상자 업적: 교수님은 그동안 수많은 수강생을 배출해 내셨습니다. 스피치 발전을 위해 많은 연구 논문을 발표하셨고 커뮤니케이션의 연구에 지대한 공헌을 하신 분이십니다. 또한 아동들에게 스피치 교육을 가르칠 수 있는 지도자를 배출하셨고 지금도 일선에서 자라나는 후학들에게 스피치의 이론과 실습으로 훌륭한 인재들을 양성하고 있습니다.

호의 표시: 저희는 오늘 이 자리를 통해 교수님께 그 감사함을 전하고 싶습니다.
작으나마 저희의 정성이 담긴 성의와 사랑이니 받아주시면 감사하겠습니다.

선물 증정: 교수님 앞으로 나와 주시겠습니까?
동료들을 대표해서 이 선물을 드립니다. 감사합니다.

수상자와 수여자 모두 한 말씀이 필요하다. 공적 대화인 만큼 대중 화술의 기본인 정제된 언어 표현이 필요한 것이다. 상을 주는 입장에서는 받을만한 업적이나 공로를 언급해야 하는 것은 당연하다. 받는 입장에서도 마찬가지다. 성의와 정성에 대해 감사함을 한 말씀을 해야 하는 것이다.

이처럼 거의 모든 사회생활에서 일상처럼 쓰이는 것이 스피치다. 작은 모임의 자리에서부터 큰 행사까지 사람이 모이는 곳이면 어디에서든 스피치가 필요하다는 것을 알고 항상 준비해 두어야 한다.

다음은 선물은 받은 입장에서 감사함을 어떻게 표시하나 한번 보자.

[선물 받기]

감사 인사: 여러분 감사합니다. 저에 관한 호의에 감동하였습니다.

선물의 중요성: 선물을 개봉해 보겠습니다. 로고가 새겨진 펜이군요! 정말 제가 받고 싶은 귀중한 선물입니다. 제 마음을 담아 글로써 표현할 수 있는 선물은 바로 이 펜이라고 생각합니다.

감사의 마음: 여러분이 안 계셨다면 오늘 이 자리가 어떻게 가능하겠습니까? 이런 선물을 받도록 역할을 해주시고 도움을 주신 여러분, 고맙습니다.

감사: 여러분! 감사합니다.

이처럼 행사장에선 선물 증정 같은 일들이 자주 있게 된다. 그럴 때마다 당황하지 말고 자기 입장에서 스피치할 수 있는 준비를 게을리해서는 안 된다. 그 행사에 별 관심이 없다는 것으로 오해받기 쉽다. 따라서 행사에 한 마디를 철저히 준비해 두는 것이 좋다.

\-

수여자 → 상황 설명, 공로 치하, 호의 표시, 선물 증정

수상자 → 감사 인사, 선물의 중요성, 감사 마음

\-

39. 축사

×××

한 말씀 부탁

1. 자기 인사
2. 감사 인사
3. 지금의 심정
4. 공로 치하
5. 주인공 특성
6. 사업 계획
7. 사회의 기여도
8. 당부 말
9. 끝인사

여러 가지 인사말이 있다. 대표적인 것들이 축사, 격려사다.

부탁을 받고 나면 거절하기 힘든 일이다. 가까운 지인도 될 수 있고 행사에 밀접한 관계가 있기 때문이다. 그렇다고 대충 몇 마디 하면 끝날 일도 아니다.

그 행사 성격에 맞게 하는 인사말 이어야 하므로 더욱 신경이 쓰인다.

이런 한 말씀 부탁은 아무한테나 하는 게 아니기 때문에 더욱 그렇다.

그렇다면 그 행사에 적절한 분위기부터 파악해야 한다.

자칫 행사에 걸맞지 않은 소리를 했다가 낭패를 보는 예도 있기 때문이다.

위에 제시한 키워드를 가지고 한 말씀을 해본다.

자기 인사: 반갑습니다. ○○○입니다.

감사 인사: 오늘, 이 뜻깊은 자리에 초대되어 축사 말씀을 올리게 된 것을 영광으로 생각합니다. 바쁜 일정에도 불구하고 자기 계발을 위해 스피치 지도사 과정을 무난히 마친 여러분을 진심으로 축하드립니다.

지금의 심정: 15주가 결코 짧은 기간은 아니었습니다. 약 4개월이라는 시간 동안 교육에 열정이 있었기 때문에 이 자리가 가능했다고 생각합니다.

공로 치하: 특히 운영진들이 물심양면으로 회원님들을 이끌어 주시고 앞서가는 봉사 정신이 있었기에 오늘 이 자리가 더욱 의미 있는 자

리가 되었으리라 봅니다.

주인공 특성: 또 각자의 소명을 가지고 한 분 한 분 그 목적을 향해서 최선을 다하신 여러분의 열정에 그 공로를 진심으로 치하합니다.

사업 계획: 교육이나 사업이나 계속적 노력과 연마가 없으면 구시대적이고 낙후되어 결국에는 도태되는 일들이 생기게 됩니다. 이제 스피치는 교육 기간만 필요한 것이 아니고 여러분이 사회활동을 하는 동안에는 항상 필요한 도구이니 날마다 갈고 닦는데 게을리하면 안 되겠습니다.

사회 기여도: 나아가 이 과정을 마치신 여러분들은 사회에 모범이 되어야 하며 언행일치가 되는 선봉장으로서 많은 분에게 유익한 정보를 제공하고 이타적인 마음으로 리더십을 발휘하는데 남달라야 하겠습니다.

당부 말: 말 한마디가 한 사람의 운명을 바꿀 수도 있습니다. 그동안 우리가 배우고 터득한 것을 리더로서의 자질에 흠이 가지 않도록 사회의 모범이 되는 역군들이 되시기를 간절히 바랍니다.

끝인사: 오늘 수료식을 위해 귀한 시간 내주셔서 참석하신 여러분께 진심으로 감사드리며 축사를 대신할까 합니다. 감사합니다.

\-

지금의 심정, 공로 치하, 사업 계획,
사회의 기여도, 당부 말, 기원

\-

40. 당선 소감, 취임사

×××

사업 비전 제시

1. 자기소개
2. 당선 소감
3. 전직 회장단에 대한 치하
4. 운영 방침
5. 협조 요청
6. 각오

당선 소감이나 취임사는 새로운 시작의 출발을 알리는 인사다.

함께한 분들에게 감사를 표하고 앞으로의 비전 방향을 제시한다. 그동안의 노고를 위로하고 격려함과 동시에 새 희망을 심어주고 사기를 북돋아 주는 동기부여 자리이기도 하다.

위의 키워드로 소감 인사말을 해보자.

자기소개: 안녕하십니까! 여러분이 선택해 주신 ○○○입니다. (정중한 인사)

이 자리에 서도록 성원해 주신 여러분께 진심으로 감사드립니다.

소감: 당선의 기쁨은 막중한 임무라는 뜻과 동의어라고 생각합니다. 제게 많은 기대를 하고 계실 여러분이 실망하시지 않도록 최선을 다하겠습니다. 그동안 선의의 경쟁으로 수고하신 분들에게도 경의와 감사를 드립니다.

전직 회장단에 대한 치하: 지금까지 이끌어 오신 전직 회장단에게도 여기 계신 여러분을 대신해서 진심으로 치하하는 바입니다. 우리 그룹이 이렇게 성장해서 세계로 도약할 수 있었던 것도 훌륭하신 역대 회장단들의 피땀 어린 노력이라고 생각됩니다.

운영 방침: 이러한 저력을 이어받아 더욱 정진해서 세계 굴지 그룹들과 어깨를 나란히 할 수 있도록 최선을 다하겠습니다.

협조 요청: 처음부터 잘할 수는 없습니다. 하다 보면 실책도 나올

것입니다. 그럴 때마다 조언과 격려로 힘을 실어주십시오. 태만해질 때도 있을지 모릅니다. 주마가편이라는 말이 있듯이 채찍질도 해주십시오. 수용하고 거듭나는데 게을리하지 않겠습니다.

각오: 처음처럼 초심을 잃지 않고 늘 자신을 돌아볼 줄 아는 사람이 되겠습니다.
여러분께 다시 한번 진심으로 감사드리며 당선 소감을 가늠할까 합니다. 감사합니다.

이처럼 겸손한 자세를 잃지 않으면서도 투철한 사명을 가지고 맡은 소임을 다할 것을 천명하다시피 투철한 의지력을 피력하면 믿음이 가고 탁월한 지도자를 선택한 것으로 동료들은 만족감을 느낄 것이다.

-
믿음이 가는 어조, 강한 의지력을 피력하라.
동료는 탁월한 선택에 만족할 것이다.
-

41. 3말의 원칙

×××

말, 말, 말

1. **서론: 말할 것을 말하라.** (주제 선언)

2. **본론: 말하라.** (사례나 입증할 근거)

3. **결론: 말한 것을 말하라.** (요약이나 강조하고 싶은 말)

서론에서 말하고자 하는 내용의 프레임(틀)을 말해주는 이유는 청중의 머릿속에 전체 정보의 큰 그림(캔버스)을 그려주기 위해서다. 이것은 마치 선생님이 학생들에게 무엇을 그릴 것인지 주제를 주고 학생은 준비된 화판에 그림을 그려 넣는 것과 비슷한 과정이다.

예를 들면 '오늘은 얼굴에 대해서 말씀드리겠습니다.'라고 한다면 청중은 얼굴이라는 전체적인 모습을 그린다. 이때 연사가 "눈"이라고 했을 때 듣고 있는 청중은 머릿속 캔버스에 "눈"이라는 세부적인 내용을 집어넣으면서 생각하게 된다.

본론에서 '말하라'는 의미는 소주제를 데이터로 상세하게 설명하거나 입증하는 것을 말한다.

핵심 주제가 천장에 해당한다면 소주제는 그 천장을 밑에서 받쳐주는 기둥 역할을 하는 것이다. 즉, 소주제는 핵심 주제를 이해시키기 위해 반드시 논의해야 할 요점들로서 스피치의 기본골격을 구성한다.

마지막으로 결론에서 '말한 것을 말하라'라는 의미는 말한 내용을 다시 한번 전체적으로 요약해 주라는 의미이다.

그런 다음 자신이 정말 강조하고 싶은 것을 감성적으로 표현하여 인상적으로 끝마무리하면 청중에게 메시지를 각인시키게 된다.

강조하고 싶은 부분이 있다면 반복해서 말하라. 글에서는 다시 돌아가 읽으면 된다. 그래서 반복이 필요 없다. 말은 지나가면 확인할 길이 없다. 그래서 다시 한번 반복하는 것이다. 이것은 마치 해머로 말뚝을 때려 박는 이치와 같다. 말뚝의 견고성은 얼마큼 깊숙이 때려 박느냐에 따라서 달라질 것이다.

그러나 세 번 이상을 때려 박으면 식상해진다. 반복하는 말도 단어 표현을 달리하면서 반복하는 것이 좋다. 예를 들면 "용기를 가지세요, 자신감을 가지세요, 배짱 있게 하세요" 등이다. 사실 다 같은 의미이다. 단어만 다를 뿐! 그러나 듣는 처지에서는 중요한 부분이기 때문에 강조하는 것으로 알아듣는다.

42. 3말의 구성

×××

도입, 전개, 정돈

말할 것을 말하라: 오늘은 "전철 안 노약자석"에 대해서 말씀드리겠습니다.

말하라: 오늘 아침 출근길에 전철을 탔습니다. 노약자석에 세 사람이 앉아 있는데, 두 사람은 어르신이 앉아 있었고 가운데 사람은 젊은이가 앉아 있고 주변에는 어른들이 서 계시고 있었습니다. 따가운 시선이 오가면서 뭔가 어른들의 눈치가 심상치 않았습니다. 젊은이 저러다가 어른들한테 한 소리 들을 텐데~. 본인도 분위기가 심상치 않았는지 묘한 표정을 짓고 있었습니다.

눈치가 없는 젊은이 같지는 않았습니다. 뭔가 어른들 입에서 꾸짖는 소리가 터져 나오기 일보 직전이었습니다. 더 이상 그 자리에 앉아 있을 수 없을 정도로 심한 눈총을 받더니 마침내 자리에서 일어나고 전철 문이 열리니까 달아나다시피 해서 급하게 빠져나갔습니다. 그런데 뒷모습을 보니 글쎄 한쪽 다리에 의족을 한 중증 장애인이었습니다.

하고 싶었던 말: 노약자석은 노인, 임산부, 중증 장애인도 앉을 수 있는 자리라고 봅니다. 마치 노약자석은 노인들의 전유물처럼 취급되는 현실이 안타까워 아쉬운 마음으로 바라봤습니다. 공공시설의 사용과 표기를 혼동할 수밖에 없이 설치되어 있는 곳이 심심치 않게 발견되고 있습니다. 각 시설 기관에서는 좀 더 관심을 두고 공공시설을 편하게 이용할 수 있도록 신경을 써야 하지 않을까요?

지금까지 "전철 안 노약자석"에 대해서 말씀드렸습니다. 끝까지 경청해 주서서 감사합니다.

3말의 구성법은

첫째, 주제를 선언한다.
우리 인간의 몸은 뼈대와 살로 구성되어 있듯이 말이나 글도 뼈대
에 해당하는 주제와 살에 해당하는 화제로 구성되어 있다.
예를 들면, '저는 오늘 자녀 교육에 대해서 말씀드리겠습니다.'

둘째, 화제를 전개한다.
듣는 사람을 이해시키기 위해서는 이론을 뒷받침할 사례를 들어 말
해야 한다. 재미없는 말이란 예화가 없는 말이다.

셋째, 주장 및 주제 반복을 한다.
주제를 선언하고 화제를 전개했으면 그것에 대한 자기의 느낌을 간
단하게 피력한다.
예를 들면, "그것을 보고 저는 이렇게 느꼈는데 여러분은 어떻게 생
각하십니까? 지금까지 취미생활에 대해서 말씀드렸습니다."

말이라는 것은 간단해야 좋다.
우리는 지금 3분 스피치 시대에 살고 있다. 말하는 사람도 부담 없
고 듣는 사람도 지루하지 않은 3분 스피치.
우리 모두 간단하면서도 쉬운 3말 구성법을 잘 활용하여 말을 잘하
는 사람이 되자.

43. 4단계 구성

×××

기, 승, 전, 결

핵심 문장
이유 제시
사례 설명
결론 강조

핵심 문장, 즉, 주제를 이끌고 가기 전에 청중의 흥미를 끌게 하는 도입 부분이 있다. 바로 주의 끌기 단계이다. 청중이 들어보겠다는 마음의 준비를 시키는 단계이다. 가벼운 이야기로 시작하는 것이 좋다. 주제와 전혀 다른 이야기도 좋지만, 어느 정도 관련이 있는 이야기라면 더욱 좋다.

1단계는 말할 핵심 내용을 언급한다. 주제 또는 주장하고 싶은 말을 간단히 한 문장으로 말하는 단계이다.

2단계는 그 이유에 대해서 말하는 것이다. 3단계를 시작하기 전에 추상도를 높여 매우 궁금하게 만드는 과정이다.

이유를 제시할 때 자칫 실수하게 되는 것은 곧바로 설명으로 들어가는 경우가 많다. 짤막한 문장으로 언급하고 다음 단계로 넘어가는 것이 좋다.

3단계는 그 이유에 대한 충분한 설명을 구체적으로 하는 것이다.

이유에 대한 단계에서 궁금증을 느끼게 했다면 그것에 대한 자세한 설명이 필요한 것이다. 이때 자신의 주관적인 경험담, 또는 객관적인 경험담을 이야기하는 것이다.

4단계는 요약 및 마무리하는 단계로 전체의 분위기를 마무리하여 뜻한바 중심 사상을 확실하게 나타내는 결론의 단계이다.

제1단계: 주의 집중(기)

돈을 버는 방법은 4가지 중 하나입니다.
재능이 있든가 교환가치가 있든가
대체제를 활용할 수 있는 능력이 있든가
시스템을 가동할 수 있는 분업화가 되어있는가입니다.

제2단계: 요점(승)

어떻게 돈 버는 방법이 나에게 유리한 방법일까. 오늘은 나에게 적합한 돈 버는 방법에 대해서 말씀드리겠습니다.

제3단계: 사례 및 풀이(전)

첫 번째는 자신이 가지고 있는 재능입니다. 예전에는 연예인이나 특별한 활동을 하는 사람들만이나 가능했던 것이지요. 지금은 플랫폼 시대로 누구든지 대중들에게 재능을 인정받으면 돈을 벌 수 있는 기회가 생기는 것이지요. 유튜브, 블로그 등 SNS를 활용하면 가능한 일입니다. 둘째는 교환가치가 가능한 것이지요. 예를 들면 순댓국을 손님에게 제공하고 그 대가를 받는 방법입니다. 뭔가를 건네주고 받을 수 있는 특정된 상품을 현금과 교환하는 것입니다. 세 번째는 대체제 즉, 부동산, 펀드, 주식 또는 코인 등으로 부가가치가 발생할 수 있는 것으로 활용하는 것입니다. 네 번째는 시스템화 또는 분업화를 말합니다. 다시 말해 생산 라인 즉, 공장 같은 것을 말합니다. 어떤 일로 돈을 버는 방법이 가장 좋을까요?

제4단계: 요약 및 마무리 (내 생각이나 견해, 또는 주장)(결)

역시 내 형편에 맞는 방법을 찾아야 할 것입니다. 일반인은 재능이나 교환 가치가 쉽게 접근할 수 있는 돈 버는 방법이겠지요. 각자 본인에게 맞는 일을 선택해서 수입을 창출하는 것이 가장 좋은 방법일 것입니다.

지금까지 돈 버는 방법에 대해서 말씀드렸습니다. 경청해 주서서 감사합니다.

44. 5단계 구성

×××

대안과 해결 제시

5단계 구성법

5단계 구성법은 미국 스피치학의 권위자 앨런 H 먼로(Monroe Alanh) 교수가 창안했으며 청중의 심리를 목적지에 이끄는 가장 효과적인 구성법으로 오늘날 널리 사용된다.

제1단계: 주의 집중(주의 끌기)

대담하고 기발한 표현이나 유머, 위트, 놀라운 사실 등 청중의 반응을 유도하기 위한 수사적 질문. 또는 주의 환기

제2단계: 필요를 보이는 단계(문제의 제시)

연설자가 그 문제에 대해 흥미를 갖는 이유. 그 문제를 말할 수 있는 연설자의 입장. 사실이나 사건 공개 제목의 중요성 또는 필요성을 제시

제3단계: 해결성 단계(문제의 해결법)

중심적 의견의 분명하고 솔직한 표현. 중요한 사건 또는 이야기의 인용 원인과 결과의 설명

제4단계: 해결의 구체화 단계

이유와 증거, 사실, 통계, 조사, 보고, 극적이면서도 감정적인 에화, 확증할 수 있는 사건, 명확한 사실의 제시

제5단계: 행동으로 이끄는 단계

요약에 의한 단적인 해결. 청중을 감동하게 하는 결론

예 주제: 성공하기 위해 무엇이 필요한가?

1. 주의 환기

여러분! 말 때문에 손해 보신 적이 있습니까?

그리고 집에 돌아와서 끙끙거리지는 않으셨습니까?

2. 필요 제기

21세기 직장이나 사회에서 말을 잘하지 못하면 진급하기도 어렵고 남에게 능력을 인정받기도 어렵습니다.

3. 해결 제시

말은 후천적인 노력으로 얼마든지 잘할 수 있습니다.

훌륭한 연설가는 타고난 것이 아니라 노력으로 만들어지는 것입니다.

4. 해결의 구체화

이것을 해결해 주시기 위해 ○○○역 4번 출구에 있는 ○○○으로 오십시오! 열정과 자신감, 그리고 체계적으로 가르치는 ○○○ 원장이 여러분을 멋지게 변화시켜 줄 것입니다.

5. 실행의 촉구

여러분이 멋지게 변화될 기회는 10년 전에도 있었습니다.

그러나 두 번째로 좋은 기회는 바로 지금입니다. 지금 시작하십시오!

45. 효과적 설득 기법

×××

스피치 10가지 교훈

1. 서두를 힘차게 시작한다.

깜짝 놀랄 만한 통계나 유머러스한 인용구로 정중의 주의를 사로잡는다.

2. 일화, 실례, 증거를 많이 사용한다.

청중에게 직접 연관이 되고, 연설의 흐름을 도울 수 있는 것을 구체적으로, 드라마틱하게 이야기한다.

3. 구어체를 사용한다.

듣는 사람이 친근감을 느낄 수 있도록 일상 회화에서처럼 쉬운 단어, 짧은 문장, 반복, 질문 등을 사용한다.

4. 시각적으로 묘사한다.

시각적으로 묘사하면 청중들이 상상력을 자극하여 똑같은 메시지라도 훨씬 강력한 인상을 준다.

5. 기쁘게 편안하게 말한다.

연사가 여유가 있고, 편안해 보이면 듣는 사람들도 부담이 없다.
연사가 마지못해 이야기하는 것처럼 보일 때, 감동할 청중은 없다.

6. 긍정적으로 이야기한다.

사람들은 두려움을 자극하는 사람보다는 희망을 주고 용기를 주는 사람을 좋아한다.

7. 활기차게 말한다.

연사는 청중의 분위기를 장악할 수 있어야 한다. 또한 연사가 활기 있게 이야기하는데 지루하게 생각하거나 졸고 있는 사람은 없을 것이다.

8. 진지하게 말한다.

훌륭한 연설이 말로 그치는 빈껍데기가 아니라는 사실을 입증하기 위해 말 한마디 한마디를 진지하게 한다.

9. 자신 있게 말한다.

자기가 말하고 있는 것을 분명히 알고 있다는 인상을 준다.

연사로 초빙되어 확신 없이 말하는 것처럼 청중을 실망하게 하는 것은 없다.

10. 청중에게 골고루 시선을 준다.

허공이나 원고에 시선을 고정하거나 한쪽만 쳐다보지 말고 청중 한 사람 한 사람에게 따뜻한 시선을 보내라.

46. 전문성 언어적 스킬

×××

6가지의 체계적 구조

전문성을 높이는 언어적 스킬에는 체계성의 법칙,
핵심성의 법칙, 구체성 법칙, 평이성 법칙, 간결성 법칙,
확신성 법칙이 있다.

1. 체계성 법칙

스피치는 머릿속의 무언가를 잘 정리해서 발표하면 되는 게 아니라 구조화된 메시지를 전달하는 것이다.

스피치 단계에서 첫 번째로 거쳐야 하는 단계이다.

그렇다면 구조화란 무엇인가. 어떠한 문제를 전체 맥락과의 연계성 속에서 파악하고 해결하려는 사고, 문제를 쪼개어 재구성하는 사고를 의미한다. 다시 말하면 머릿속에 명확히 도식이나 그림이 그려질 때 청중의 머릿속에도 명확히 기억되는 것이다. 논리를 구조화하는 것이 스피치의 출발이다.

2. 핵심성의 법칙

우리 뇌는 핵심만 인식하고 기억한다.

두괄식 표현이 핵심이다.

3. 구체성 법칙

구체적이라는 것은 사전적으로 사물이나 현상이 일정한 모습을 갖추고 있는 것을 의미한다.

4. 평이성 법칙

쉽게 이야기하는 것은 전문성을 보여주는 또 하나의 언어적 스킬이다. 우리가 어렵게 이야기한다는 것은 완벽하게 이해하지 못했기 때문이다.

5. 간결성 법칙

간단하게 줄이라는 의미이지 간단하고 짧게 표현하라는 것은 아니다. 포인트는 '요약된 표현'에 있다. 필요한 것은 빠짐없이 챙기고 필요 없는 것은 과감하게 생략 이것이 간결성의 핵심이다.

생텍쥐페리는 완벽함이 더 더할 것이 없을 때가 아니라 더 이상 뺄 것이 없을 때 완성된다고 하였다.

톨스토이도 지혜가 깊으면 깊을수록 생각을 나타내는 말은 단순해 진다고 하였다. 스피치도 마찬가지다. 말이 너무 많고 곁가지가 많으면 핵심이 흐려진다.

간결한 스피치를 하기 위해 문장은 단문으로 구성해야 한다. 단문은 하나의 절로 이루어진 문장으로 주어와 동사가 하나씩만 존재한다.

6. 확신성 법칙

단정적 표현 '~ 다'로 끝내야 전문가답다.

전문성을 높이기 위해서는 예의 바르면서도 단호한 표현을 사용해야 한다. '~요', '~죠'를 사용하면 전문성을 약화하기 때문에 '~다'로 끝나는 말이 사용하는 것이 바람직하다.

참고문헌

김양호, 그말이 정답, 비전코리아, 2011.

정순인, 성공하는 사람들의 Art 스피치, 대한스피치&리더십센터.

민영욱, 파워스피치, 한국스피치출판.

임태섭, 스피치 커뮤니케이션, 연암사, 1997.

장해순, 행복한 스피치, 현학출판사, 2014.

N.H. 클라인바움, 죽은 시인의 사회, 한은주 옮김, 서교출판사, 2004.